BAKED SWEETS MADE WITH MELTED BUTTER

溶かしバターで作るワンボウルのお菓子

若山曜子

はじめに

「好きな食べものは何？」と聞かれると、みなさんは何と答えますか？
私は「バター」。そう答えると、
「それって、食べものというより食材じゃない」とよく笑われます。
でも、本当にバターが好きです。量は多くなくていいのです。
たったひとさじのバターをプラスしたとたん、お料理やお菓子が
ぐっとおいしく輝く…バターのすばらしさには、いつも感動してしまいます。

バターのお菓子といっても、作り方はいろいろ。
クリーム状のバターで作るケークやクッキー。
溶かしバターを使うマドレーヌやフィナンシェ。
この本では、ちょっとめんどうに思われる「バターをクリーム状にする」という
作業を省き、すべて溶かしたバターで作れるものだけを集めました。

オイルのお菓子を作る時と同じように、
1つのボウルに材料をどんどん加え、混ぜていきます。
溶かしたバターでも、香りはしっかり。特に、少し火を入れて
バターのコクを出す「焦がしバター」にすれば、少量のバターでも、
ナッツを入れたような香り豊かなお菓子を作ることができます。
クリーム状のバターと違う面もありますが、いろいろ配合を試し、
バターの芳醇さはそのままに、しっとりふんわり、時にはさっくりと、
おいしくできるレシピだけを残しました。

フランスに着くと気づく、そこかしこに漂うバターの香り。
パティスリーの焼きたてのパイ、屋台のクレープに包まれた
溶けかけのバターと砂糖、ブーランジュリーのクロワッサンやブリオッシュ。
人間の力だけでは作ることができない、牛が生み出す手間ひまかかったバターは、
豊かな大地の味、そのものです。
だからこそバターを使えば、たとえ手間を省いても、技術がなくても、
お菓子は特別においしくなると思うのです。

若山曜子

この本のお菓子について

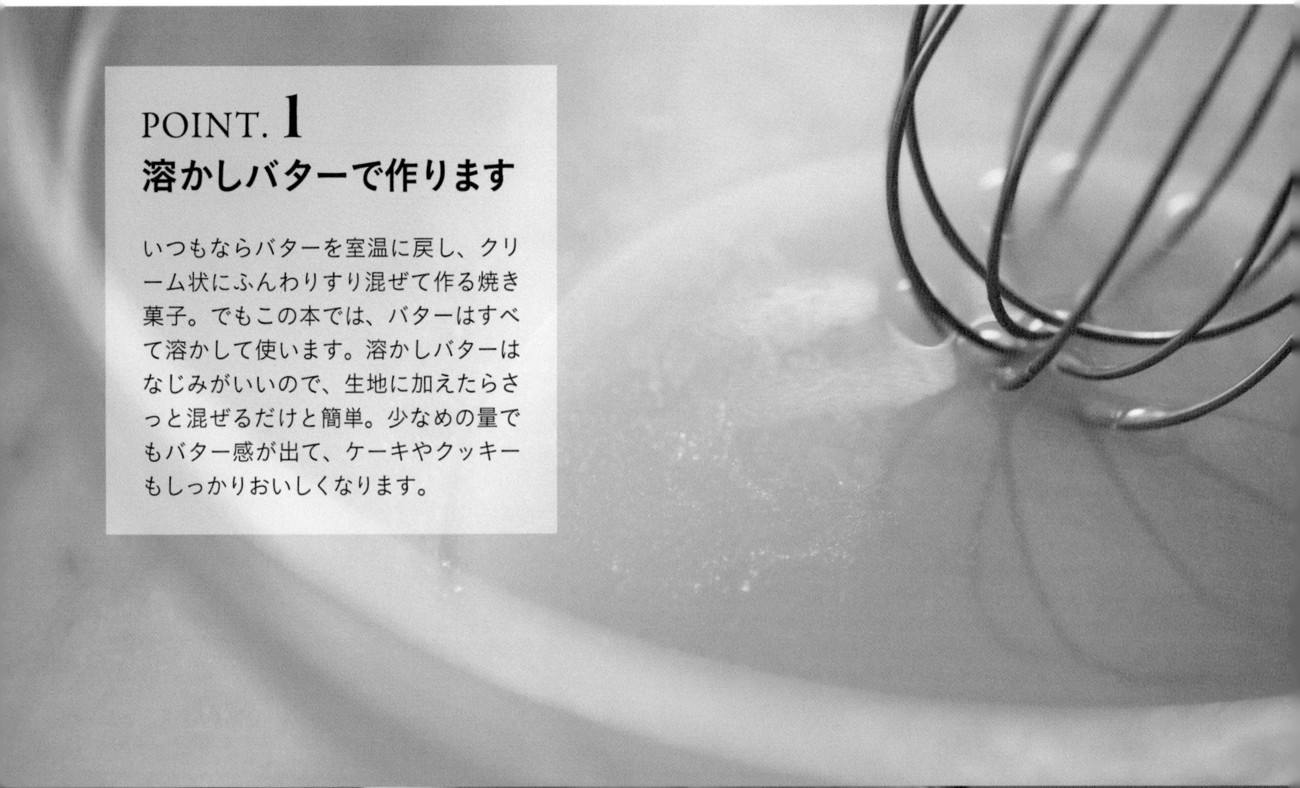

POINT. 1
溶かしバターで作ります

いつもならバターを室温に戻し、クリーム状にふんわりすり混ぜて作る焼き菓子。でもこの本では、バターはすべて溶かして使います。溶かしバターはなじみがいいので、生地に加えたらさっと混ぜるだけと簡単。少なめの量でもバター感が出て、ケーキやクッキーもしっかりおいしくなります。

POINT. 2
ボウル１つでOK

バターを使うお菓子作りで、いちばんやっかいなのがベタベタのボウルを洗うこと。でも、この本で生地作りに使うボウルは１つだけ（タルトなどは、フィリング作りに再度ボウルを使います）。基本的に材料をどんどん加え、ぐるぐる混ぜればOKなので、お菓子作りのハードルがぐっと低くなります。

POINT. 3
型もいろいろで楽しく

パウンドケーキ、マフィン、マドレーヌ、タルト…と、この本ではさまざまな型が登場します。最近では100円ショップなどでも手に入りますし、マフィンやマドレーヌは紙のベーキングカップでもOK。その型で焼くからこそのおいしさもあるので、一度作ってみてから型を購入するのでもいいと思います。

POINT. 4
甘くないお菓子も

おやつにうれしい甘いお菓子のほか、甘くないマフィンやタルト、ケークサレなどもご紹介しています。生地に野菜をたっぷり混ぜ込んでいるから、朝ごはんや軽食にもぴったり。見栄えがするので、手土産に持っていっても喜ばれ、ワインとも相性抜群。野菜をかえれば、アレンジも自在です。

CONTENTS

 CAKES ■ 溶かしバターのケーキ

 COOKIES ■ 溶かしバターのクッキー

 MADELEINES...etc.

■ 溶かしバターのマフィン、マドレーヌ、フィナンシェ

TARTS ■ 溶かしバターのタルト

SNACKS ■ 溶かしバターのおやつ

SAVORIES ■ 溶かしバターの甘くないお菓子

COLUMN

【この本での約束ごと】
- 大さじ1は15mℓ、小さじ1は5mℓです。
- 「ひとつまみ」とは、親指、人さし指、中指の3本で軽くつまんだ量のことです。
- 卵はMサイズ（正味約50g）のものを使用しています。
- オーブンは、あらかじめ設定温度に温めておきます(クッキー以外はできれば天板を入れて予熱すると、早く火が入るのでおすすめ)。焼き時間は、熱源や機種などによって多少差があります。レシピの時間を目安に、様子を見ながら加減してください。
- 電子レンジの加熱時間は、600Wのものを基準にしています。500Wの場合は、1.2倍の時間を目安にしてください。機種によっては、多少差が出ることもあります。

基本の溶かしバターのケーキ

GÂTEAU AU MIEL ET AU POMME

りんごのガトーミエル

溶かしバターで作るケーキの中で、私がいちばんよく作っているお菓子です。
生地はぐるぐる混ぜるだけと簡単なのに、はちみつを加えることで、
しっとりと濃厚な味に。はちみつと好相性のりんごの酸味がアクセントです。

作り方⇒ p10

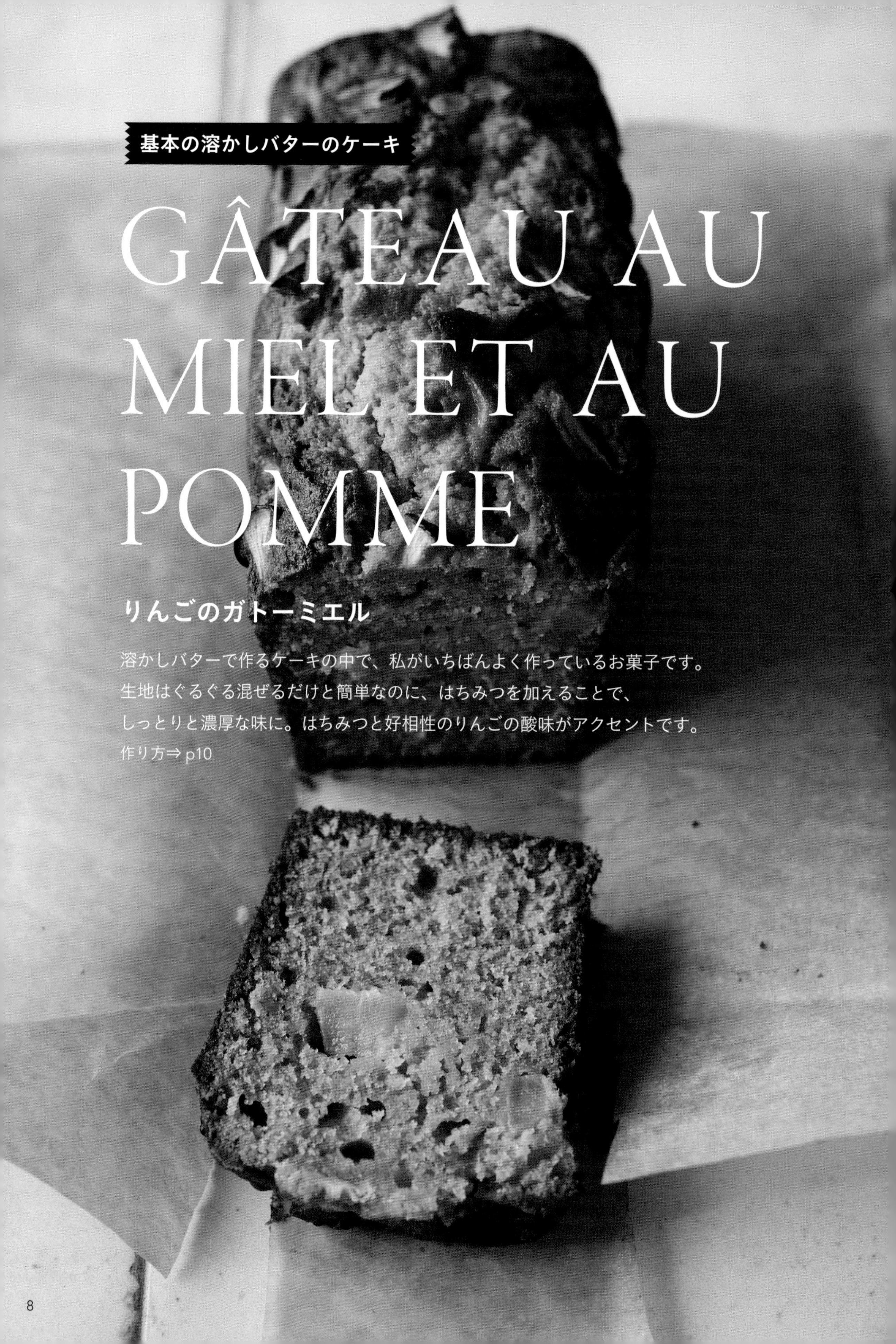

基本の溶かしバターのクッキー

OATMEAL COOKIES

オートミールクッキー

これも、うちでよく作っている定番クッキー。溶かしバターならではの
カリッとした食感と、キャラメルっぽい香ばしさ、オートミールのざくざく感。
ベーキングパウダーを少し加えると、さくっと軽く焼き上がります。

作り方⇒ p12

基本の溶かしバターのケーキ

GÂTEAU AU MIEL ET AU POMME

りんごのガトーミエル

下準備

- 卵は室温に戻す。
- バターは3cm角に切る。
- りんごはトッピング用に⅓は皮ごと、残りは皮をむき、ともに1.5cm角に切る。
- 型より1cm高くオーブンシートを敷く。
- オーブンを170℃に温める。

材料（18×8×6cmのパウンド型1台分）

1 バターを溶かす

耐熱ボウルにAを入れ、ラップをふんわりかけて電子レンジで1分加熱する。泡立て器でよく混ぜ、粗熱をとる。

＊バターは少しかたまりが残る程度に加熱し、余熱で溶かすといい
＊溶けにくい時は、10秒ずつ追加して

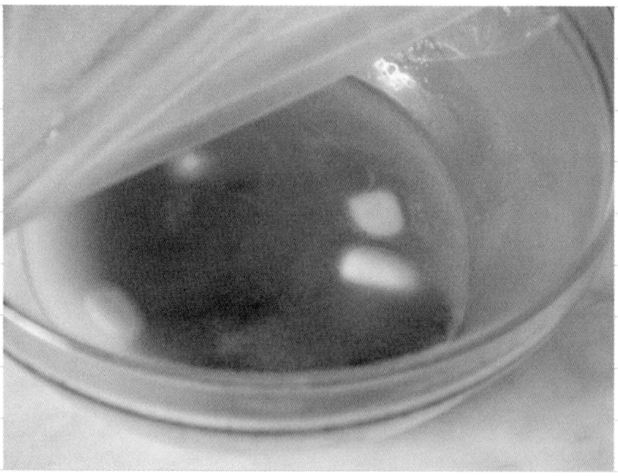

2 卵を混ぜる

卵を1個ずつ割り入れ、そのつど泡立て器でよく混ぜる。

3 粉を混ぜる

粉類をふるい入れ、泡立て器で切るようにさっくりと混ぜ、

＊泡立て器で、下から上に持ち上げるようにするといい

4 りんごを混ぜる

りんごを加え、ゴムベラでさっくりと、底から返すように混ぜる。

5 焼く

型に流し入れ、トッピング用のりんごをのせ、170℃のオーブンで40分ほど焼く。中央の割れ目に竹串を刺し、何もつかなければOK。

＊粗熱がとれたら型から出し、ラップで包んで冷ます

基本の溶かしバターのクッキー

OATMEAL COOKIES

オートミールクッキー

下準備

- バターは3cm角に切る。
- 天板にオーブンシートを敷く。
- オーブンを190℃に温める。

1 バターを溶かす

耐熱ボウルにAを入れ、ラップをふんわりかけて電子レンジで40秒加熱する。泡立て器でよく混ぜ、粗熱をとる。

＊バターは少しかたまりが残る程度に加熱し、余熱で溶かすといい
＊溶けにくい時は、10秒ずつ追加して

2 オートミールと粉を加える

オートミールを加え、粉類をふるい入れ、

3 混ぜる

ゴムベラで切るようにさっくりと、粉っぽさがなくなるまで混ぜる。

4 天板にのせる

大さじ1くらいずつすくって天板に間隔をあけて落とし、

5 焼く

大さじの背で押して直径6cmに広げ、190℃のオーブンで12分ほど焼く。

＊焼きたてはやわらかいけれど、冷めるとカリッとなる

＊時間がたってやわらかくなったら、170℃に温めたオーブンで10分焼いてカリッとさせて

COLUMN

材料について

この本のお菓子作りに使っている、
基本の材料をご紹介します。
私が愛用しているものと、
選ぶ際のコツなどもお伝えします。

★の入手先は（富）⇒詳しくは 88 ページ

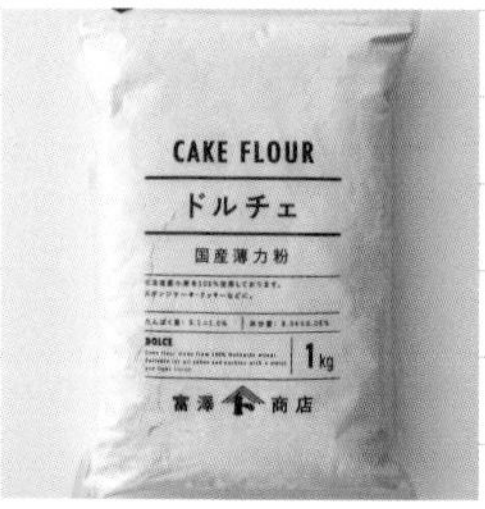

薄力粉

国産小麦 100% で、小麦の風味がしっかり感じられる「ドルチェ」を愛用。クッキーには、さくっと焼き上がる「エクリチュール」もおすすめ。「ドルチェ（江別製粉）」★

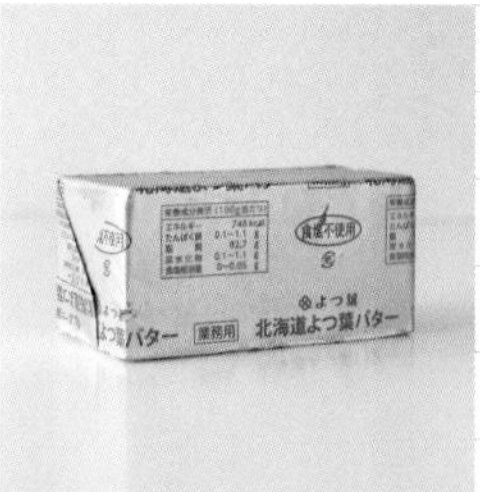

バター

カルピス、よつ葉、明治などの食塩不使用のものを使用。電子レンジで溶かす時は、ややかたまりが残る程度に加熱し、余熱で液体状にするのがコツ。加熱しすぎると、高温になって危ないので注意して。有塩バターは、塩けが強いので避けてください。

砂糖

レモンなどのフルーツを使い、色や風味をすっきり仕上げたいもの、そのほかお菓子全般にはグラニュー糖を使用。バナナやナッツなどを使い、素朴な味わいに仕上げたいものにはきび砂糖を。きび砂糖の一種で、より茶色くコクのあるブラウンシュガーは、こっくりさせたいお菓子に。「微粒子グラニュー糖」「カップ印　きび砂糖」「山口製糖　ブラウン・シュガー」★

ベーキングパウダー

アルミニウム（みょうばん）不使用のものを。溶かしバターのクッキーに少し加えると、かたくなりすぎず、さくっと仕上がります。開封したてと1年たったものではふくらみが違うので、新鮮なものを。保存は冷蔵室で。「ラムフォードベーキングパウダー」★

重曹

「ベーキングソーダ」とも呼ばれ、ベーキングパウダーよりも生地をふくらませる力が強力。カラメル風の香ばしさが加わり、生地がやや茶色くなるのが特徴。ベーキングパウダーで代用する時は、ふたつまみほど多めに加えて。保存は常温で。

はちみつ

溶かしバターのケーキはややパサつきがちなので、生地をしっとりさせるためにも使用。価格が安すぎるものは、生地のふくらみが悪くなることも。少量でも風味がしっかり出るので、ぜひお気に入りのものを使って。「TOMIZ　アルゼンチン産百花蜂蜜」★

卵

Mサイズのものを使っています。割った時に約 50g（卵黄 20g+ 卵白 30g）が目安。基本的には室温に戻し、焼き菓子にはあらかじめ溶いておき、少しずつ加えるとなじみがよくなります。

ヨーグルト

無糖のプレーンタイプのものを使用。ホットビスケットの生地の立ち上がりをよくし、軽い食感の焼き上がりにします。水きりはせず、そのまま使います。

牛乳

クッキーやマフィン、マドレーヌの生地に少量加えるほか、甘くないマフィンやケークサレにも使っています。低脂肪乳や無脂肪乳ではなく、成分無調整のものを選んで。

CAKES

溶かしバターのケーキ

クリーム状にしてすり混ぜるレシピよりも、バターは少なめでOK。
生地は混ぜすぎないほうがいいくらいと、ラフに作れるのが魅力です。
溶かしバターは空気を含まないので、生地がややパサつきがちですが、
そのぶんちょっと多めの砂糖やはちみつで、しっとり感をプラス。
ベーキングパウダーや重曹を少し加え、しっかりふくらむ配合にしました。

キャラメル
バナナブレッド

生地にバナナを1本混ぜ込んだ、しっとりとしたケーキ。バナナの風味をより強調するために、市販のキャラメルを溶かしてバナナにからめ、生地の間にはさんで層にし、ちょっとマーブル模様っぽくしました。

CARAMEL BANANA BREAD

TEA &
RUM RAISIN CAKE

紅茶と
ラムレーズンのケーキ

定番の紅茶風味のケーキに、レーズンを合わせて。紅茶は茶葉が生地の水分を吸うので、焼き上がりにシロップを塗ってしっとりさせます。レーズンにはラム酒をからめ、バターは少なめでもリッチな味わいです。

CARAMEL BANANA BREAD

キャラメルバナナブレッド

材料（18×8×6cm のパウンド型1台分）

- 薄力粉 … 100g
- 強力粉（なければ薄力粉）… 60g
- ベーキングパウダー … 小さじ 1

バター（食塩不使用・3cm 角に切る）… 70g

卵 … 1個

きび砂糖 … 60g

バナナ … 1本（正味100g）

くるみ … 25g

【キャラメルバナナ】

バナナ … 1本（正味100g）

市販のキャラメル … 4粒（20g）

ラム酒 … 小さじ 1

下準備

- 卵は室温に戻す。
- バターは耐熱容器に入れ、ラップをふんわりかけて電子レンジで30秒加熱して溶かし、粗熱をとる。
- くるみは手で半分に割り、キャラメルは4等分に切る。
- キャラメルバナナ用のバナナは、トッピング用に5mm 幅の輪切り5〜6枚を取り分け、残りは1cm 角に切る。
- 型より1cm 高くオーブンシートを敷く。

作り方

1 キャラメルバナナを作る。耐熱容器に材料をすべて入れ、ラップをかけずに電子レンジで1分 30 秒加熱して混ぜ、さらに 1 分 30 秒加熱して混ぜる。オーブンを 180℃に温める。

2 ボウルにバナナを入れて泡立て器でつぶし、卵、砂糖を加えてなじむまで混ぜる。溶かしたバターを加え、よく混ぜる。

3 粉類の⅓量をふるい入れ、泡立て器でぐるぐるっと混ぜ、残りの粉類をふるい入れ、ゴムベラでさっくりと底から返すように混ぜる。

4 型に生地の⅓量を流し、**1** の⅓量をスプーンで 4 〜 5 か所にのせ、生地の⅓量⇒ **1** の⅓量⇒残りの生地の順に同様に流す。残りの **1** を3 か所にのせ、くるみ、トッピング用のバナナをのせ、180℃のオーブンで 15 分、170℃に下げて 25 分ほど焼く。中央の割れ目に竹串を刺し、何もつかなければOK。

キャラメルバナナは、電子レンジで 1 分 30 秒加熱してキャラメルを溶かし、さらにもう一度加熱して汁けをとばし、このくらいとろりとさせる。

生地の⅓量を流したら、キャラメルバナナの⅓量を 4 〜 5 か所にのせ、これをもう 1 回くり返して層を作り、マーブル状にする。

TEA & RUM RAISIN CAKE

紅茶とラムレーズンのケーキ

材料（18×8×6cmのパウンド型1台分）

- 薄力粉 … 110g
- ベーキングパウダー … 小さじ1

バター（食塩不使用・3cm角に切る）… 90g

卵 … 2個

グラニュー糖 … 90g

はちみつ … 大さじ1

A
- 紅茶の葉（ティーバッグ・アールグレイ）… 1袋（2g）
- 熱湯 … 大さじ1

【ラムレーズン】

レーズン … 80g

ラム酒 … 大さじ2

【シロップ】

B
- 紅茶の葉（ティーバッグ・アールグレイ）… 1袋（2g）
- 熱湯 … 大さじ4

ラム酒 … 大さじ3

下準備

- **A**は合わせ、茶葉をふやかしておく。
- レーズンは熱湯を回しかけて湯をきり、ラム酒をふり、ラップをかけて電子レンジで15秒加熱して冷ます（時間があればひと晩以上おく）。
- **B**は合わせて5分おき、ぎゅっと絞って紅茶液大さじ3を用意し、ラム酒を混ぜる。
- 型より1cm高くオーブンシートを敷く。
- オーブンを170℃に温める。

作り方

1 ボウルに卵、砂糖、はちみつを入れて湯せん（ボウルの底に熱湯をあてる）にかけ、人肌くらいに温まったら湯せんからはずし、泡立て器で少しもったりするまで泡立てる。バターを湯せんにかけて溶かし、温めておく。

2 粉類をふるい入れ、ゴムベラでさっくりと底から返すように混ぜ、粉っぽさが少し残るくらいで溶かしたバター（温かいもの）を加え、ツヤが出るまでしっかりと混ぜる。**A**も加え、さっと混ぜる。

3 型に流し、ラムレーズンを全体に散らして軽く押し込み、170℃のオーブンで10分、160℃に下げて30分ほど焼く。中央の割れ目に竹串を刺し、何もつかなければOK。熱いうちにシロップを全体にはけで塗り、ラップで包んで冷ます。

焦がしバターの
キャロットケーキ

オイルケーキの代表・キャロットケーキを、溶かしバターでアレンジしたお気に入りのレシピ。焦がした少量のバターの香りがうまみになって、ナッツなどを入れなくてもコクのあるケーキに。フロスティングにはマーマレードを加え、軽さを出します。

BROWN BUTTER CARROT CAKE

CRÈME CITRON

サワークリームとレモンのケーキ

フランスで教わったサワークリーム入りの配合で、日にちがたってもしっとりしたまま。コクがありつつ、レモンの酸味で軽やかな味わいです。

CHOCOLAT FRAMBOISES

ショコラフランボワーズ

きめ細かなチョコ生地に、ラズベリージャムを合わせて酸味をアクセントに。かわりに、マーマレードやあんずジャムでも合います。

BROWN BUTTER CARROT CAKE

焦がしバターのキャロットケーキ

材料（18×8×6cm のパウンド型1台分）

- 薄力粉 … 80g
- シナモンパウダー … 小さじ1
- ナツメグ、カルダモン（ともにパウダー）… 各小さじ¼*
- ベーキングパウダー … 小さじ½
- 重曹 … 小さじ¼

バター（食塩不使用・3cm 角に切る）… 35g
卵 … 1個
ブラウンシュガー（またはきび砂糖）… 50g
植物油 … 大さじ3
にんじん … 1本（正味100g）

【チーズフロスティング】

クリームチーズ … 50g
バター（食塩不使用）… 30g
粉砂糖 … 大さじ2
オレンジマーマレード … 大さじ1

*なければ、シナモンパウダーを小さじ1½にしても

下準備

- 卵、フロスティング用のクリームチーズとバターはそれぞれ室温に戻す。
- にんじんはチーズおろしですりおろすか、ピーラーでスライスし、せん切りにする。
- 型より1cm 高くオーブンシートを敷く。
- オーブンを180℃に温める。

作り方

1 小鍋にバターを入れて中火にかけ、時々鍋を回しながら、薄茶色になって香りが立ってきたら火からおろす。

2 ボウルに卵、砂糖を入れて泡立て器でなじむまで混ぜ、**1**（温かいもの）、油を加えてよく混ぜる。

3 粉類をふるい入れ、ゴムベラでさっくりと底から返すように混ぜ、粉っぽさが少し残るくらいでにんじんを加え、さっくりと混ぜる。

4 型に流し、180℃のオーブンで 15 分、170℃に下げて 25 分ほど焼く。中央の割れ目に竹串を刺し、何もつかなければOK。完全に冷めたら、ゴムベラでクリーム状に練ったフロスティングを上面に塗る。

バターを中火にかけ、全体が薄茶色になって香りが立ち、泡が出てきたら火からおろす（焦がしバター）。生地に混ぜる時は、必ず温かい状態で。

［重曹］

ベーキングソーダとも呼ばれ、炭酸ガスの力で重たい生地をふくらませるのが特徴。カラメル風の素朴な味わいが加わり、生地がやや茶色っぽく仕上がる。

CRÈME CITRON

サワークリームとレモンのケーキ

材料（18×8×6cm のパウンド型1台分）

- 薄力粉 … 135g
- ベーキングパウダー … 小さじ1

バター（食塩不使用・3cm 角に切る）… 50g

卵 … 2個

A
- サワークリーム … 75g
- グラニュー糖 … 120g
- レモンの皮（ワックス不使用のもの）の すりおろし … 1個分
- はちみつ … 大さじ1
- レモン汁 … 小さじ1
- 塩 … 少々

下準備

- 卵は室温に戻す。
- バターは湯せん（ボウルの底に熱湯をあてる）にかけて溶かし、温めておく。
- 型より1cm 高くオーブンシートを敷く。
- オーブンを180℃に温める。

作り方

1 ボウルに A を入れて泡立て器ですり混ぜ、卵を1個ずつ割り入れ、なじむまで混ぜる。

2 粉類をふるい入れ、ゴムベラでさっくりと底から返すように混ぜ、粉っぽさが少し残るくらいで溶かしたバター（温かいもの）を加え、なじむまでしっかりと混ぜる。

3 型に流し、180℃のオーブンで 15 分、170℃に下げて 25 分ほど焼く。中央に竹串を刺し、何もつかなければOK。

CHOCOLAT FRAMBOISES

ショコラフランボワーズ

材料（18×8×6cm のパウンド型1台分）

- 薄力粉 … 90g
- ココア … 20g
- ベーキングパウダー … 小さじ1

バター（食塩不使用・3cm 角に切る）… 50g

卵 … 2個

A
- サワークリーム … 75g
- グラニュー糖 … 100g
- はちみつ … 大さじ1
- 塩 … 少々

製菓用チョコレート（ビター）… 50g＊

ラズベリージャム … 大さじ1

【シロップ】

B
- グラニュー糖 … 小さじ1
- 水 … 大さじ2

ラム酒 … 大さじ2

＊板チョコでもOK

下準備

- B は電子レンジで 30 秒加熱し、ラム酒を混ぜる。
- チョコレートは粗く刻む。
- そのほかは左と同じ。

作り方

1 左と同じ。溶かしたバターのあとにチョコを加えて混ぜ、型に生地の半量を流したら、ラズベリージャムを小さじ½ずつまん中 6 か所に 1 列にのせ、残りの生地を流す。焼き上がったら熱いうちにシロップを全体にはけで塗り、ラップで包んで冷ます。

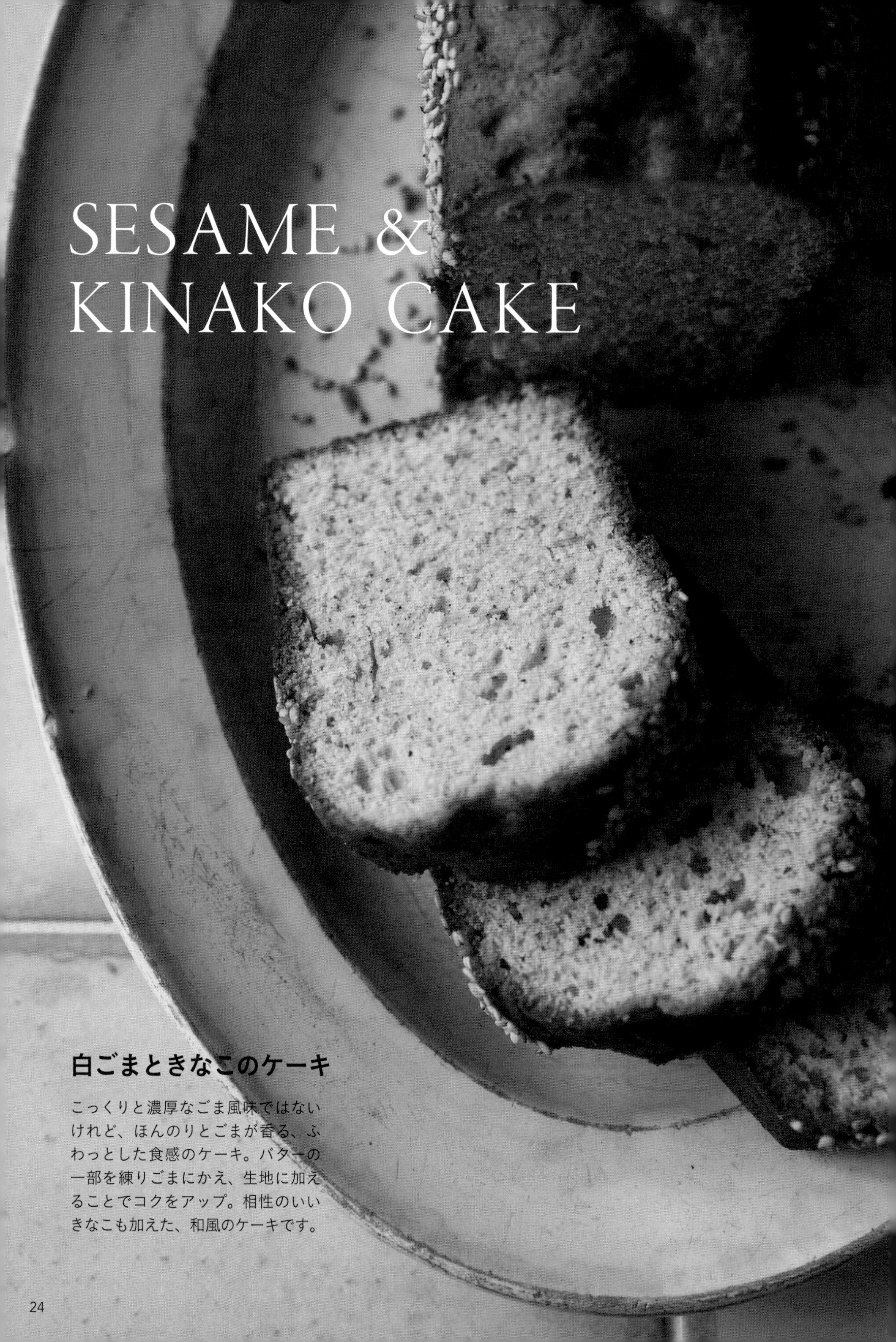

SESAME & KINAKO CAKE

白ごまときなこのケーキ

こっくりと濃厚なごま風味ではないけれど、ほんのりとごまが香る、ふわっとした食感のケーキ。バターの一部を練りごまにかえ、生地に加えることでコクをアップ。相性のいいきなこも加えた、和風のケーキです。

BRANDY CAKE

ブランデーケーキ

卵を湯せんにかけて泡立てて作る生地は、カステラのようにふんわり。シロップのブランデーのアルコール分がとんだ、翌々日からが食べごろです。砂糖はきび砂糖だとコクのある味わい、グラニュー糖だと、ブランデーの香りがすっきり立ちます。

SESAME & KINAKO CAKE
白ごまときなこのケーキ

材料（18×8×6cmのパウンド型1台分）

- 薄力粉 … 100g
- きなこ … 小さじ2（5g）
- ベーキングパウダー … 小さじ½

バター（食塩不使用・3cm角に切る）… 40g
白練りごま … 20g
卵 … 2個
きび砂糖 … 75g
はちみつ … 大さじ1
白いりごま … 大さじ½

下準備

- 型より1cm高くオーブンシートを敷く。
- オーブンを180℃に温める。

作り方

1 ボウルに卵、砂糖、はちみつを入れて湯せん（ボウルの底に熱湯をあてる）にかけ、ハンドミキサーの羽根で混ぜる。40℃（お風呂の温度）くらいに温まったら湯せんからはずし、ハンドミキサーの高速で5分泡立て、すくった時にリボン状に積み重なってしばらく消えなくなったら、低速で1分混ぜてきめを整える。バターを湯せんにかけて溶かし、温めておく。

2 粉類をふるい入れ、ゴムベラでさっくりと底から返すように混ぜ、粉っぽさが少し残るくらいで溶かしたバター（温かいもの）と練りごまを混ぜて加え、ツヤが出るまでしっかりと混ぜる。

3 型に流し、表面にいりごまをふり、180℃のオーブンで15分、170℃に下げて25分ほど焼く。中央の割れ目に竹串を刺し、何もつかなければOK。

卵はハンドミキサーの高速で、すくった時にリボン状に積み重なってしばらく消えなくなるまで5分ほど泡立てる。

BRANDY CAKE

ブランデーケーキ

材料（18×8×6cm のパウンド型1台分）

- 薄力粉 … 115g
- ベーキングパウダー … 小さじ1/3

バター（食塩不使用・3cm 角に切る）… 90g

卵 … 2個

きび砂糖（またはグラニュー糖）… 100g

【シロップ】

A
- グラニュー糖 … 20g
- 水 … 大さじ2

ブランデー … 大さじ4

下準備

- A は電子レンジで30秒加熱し、ブランデーを混ぜる（アルコール分が気になる場合は、ブランデーも一緒に加熱する）。
- 型より1cm 高くオーブンシートを敷く。
- オーブンを180℃に温める。

作り方

1 ボウルに卵、砂糖を入れて湯せん（ボウルの底に熱湯をあてる）にかけ、ハンドミキサーの羽根で混ぜる。40℃（お風呂の温度）くらいに温まったら湯せんからはずし、ハンドミキサーの高速で5分泡立て、すくった時にリボン状に積み重なってしばらく消えなくなったら（左ページ参照）、低速で1分混ぜてきめを整える。バターを湯せんにかけて溶かし、温めておく。

2 粉類をふるい入れ、ゴムベラでさっくりと底から返すように混ぜ、粉っぽさが少し残るくらいで溶かしたバター（温かいもの）を加え、ツヤが出るまでしっかりと混ぜる。

3 型に流し、180℃のオーブンで15分、170℃に下げて25分ほど焼く。中央の割れ目に竹串を刺し、何もつかなければOK。10分ほどして手で触れるくらいに冷めたら、バットに入れたシロップに全面をひたし、ラップで包んで冷ます。

＊翌々日からが食べごろ。常温で1週間はおいしい

BROWNIES

ブラウニー

ぐるぐる混ぜるだけで作れる、シンプルなブラウニー。粉が少なめなタイプが好きなので、中はしっとり。粉砂糖をふって焼くと、表面がさくっとします。キャビネサイズのバットで同様に焼いてもおいしいです。

ホワイトチョコと
ラズベリーのブロンディ

ホワイトチョコにベリー＆レモンの酸味を加えた、お気に入りの組み合わせ。ホワイトチョコは溶かしたものと粗く刻んだもの、両方を混ぜ込んでミルキーな味にします。冷蔵庫で冷やして食べるのもおすすめです。

WHITE CHOCOLATE & RASPBERRY BLONDIES

BROWNIES

ブラウニー

材料(15×15cmの角型1台分)*

製菓用チョコレート(ビター)… 110g

バター(食塩不使用・3cm角に切る)… 100g

卵 … 2個

グラニュー糖 … 70g

| 薄力粉 … 30g

| ベーキングパウダー … 小さじ⅓

くるみ … 60g

粉砂糖 … 小さじ1

*または20.5×16×深さ3cmのバットでもOK

下準備

- 卵は室温に戻す。
- チョコレートは粗く刻み、くるみは手で半分に割る。
- 型にオーブンシートを敷く。
- オーブンを180℃に温める。

作り方

1 ボウルにチョコレート、バターを入れ、湯せん（ボウルの底に熱湯をあてる）にかけて溶かし、ゴムベラで混ぜながら粗熱をとる。卵(1個ずつ割り入れて)、砂糖の順に加え、そのつど泡立て器でなじむまで混ぜる。

2 粉類をふるい入れ、泡立て器で粉っぽさがなくなるまでぐるぐるっと混ぜる。

3 型に流してくるみを散らし、粉砂糖を茶こしでふり、180℃のオーブンで20分ほど焼く。表面が乾燥していたら焼き上がり。

[製菓用チョコレート]

製菓用チョコレート(ビター)は、カカオ分60%以上のものがおすすめ。「カライブ」はカカオ分66%で、風味がしっかり出て美味。「ヴァローナ フェーブ カライブ」(富)⇒入手先は88ページ

WHITE CHOCOLATE & RASPBERRY BLONDIES

ホワイトチョコとラズベリーのブロンディ

材料（15×15cmの角型1台分）*

製菓用ホワイトチョコレート…80g
バター（食塩不使用・3cm角に切る）…65g
卵…1個
グラニュー糖…30g
｜薄力粉…70g
｜ベーキングパウダー…小さじ1/4
ラズベリー（冷凍）…50g
レモンの皮（ワックス不使用のもの）の
　すりおろし…1/2個分
レモン汁…小さじ1

＊または20.5×16×深さ3cmのバットでもOK

下準備

- 卵は室温に戻す。
- ホワイトチョコレートは粗く刻み、30g分を取り分ける。
- 型にオーブンシートを敷く。
- オーブンを180℃に温める。

作り方

1 ボウルにホワイトチョコ、バターを入れ、湯せん（ボウルの底に熱湯をあてる）にかけて溶かし、ゴムベラで混ぜながら粗熱をとる。卵、砂糖の順に加え、そのつど泡立て器でなじむまで混ぜる。

2 粉類をふるい入れ、泡立て器で粉っぽさがなくなるまでぐるぐるっと混ぜ、取り分けたホワイトチョコ、ラズベリーの2/3量（凍ったまま）、レモンの皮、レモン汁を加え、ゴムベラでさっくりと混ぜる。

3 型に流し、残りのラズベリー（凍ったまま）を散らし、180℃のオーブンで20分ほど焼く。表面が乾燥していたら焼き上がり。

［製菓用ホワイトチョコレート］
製菓用ホワイトチョコレート「イボワール」は、カカオ分35%で甘さひかえめ。ミルクとバニラの香り、口溶けのよさも魅力。「ヴァローナ フェーブ イボワール」（富）⇒入手先は88ページ

材料（15×15cmの角型1台分）*

ピーナッツバター（微糖のもの）… 50g
グラニュー糖 … 50g
バター（食塩不使用・3cm角に切る）… 60g
卵 … 1個
｜薄力粉 … 60g
｜ベーキングパウダー … 小さじ⅓
ラズベリージャム … 30g

＊または20.5×16×深さ3cmのバットでもOK

下準備

- 卵は室温に戻す。
- バターは耐熱容器に入れ、ラップをふんわりかけて電子レンジで30秒加熱して溶かし、粗熱をとる。
- 型にオーブンシートを敷く。
- オーブンを180℃に温める。

作り方

1. ボウルにピーナッツバター、砂糖を入れて泡立て器ですり混ぜ、溶かしたバター、溶いた卵（少しずつ）の順に加え、そのつどなじむまで混ぜる。
2. 粉類をふるい入れ、ゴムベラでさっくりと底から返すように、粉っぽさがなくなるまで混ぜる。
3. 型に流し、ラズベリージャムをスプーンで10か所に散らし、180℃のオーブンで15〜20分焼く。

ピーナッツバタースクエア

アメリカで定番のピーナッツバター＆ジャムの組み合わせをヒントに。板チョコやバナナを入れたり、薄く焼いてソフトクッキー風にしても。

PEANUT BUTTER SQUARES

COOKIES

溶かしバターのクッキー

これもバターをクリーム状にするレシピより、少ないバターで作れるのがうれしい。
バターは少しかたまりが残る程度にレンチンし、余熱で溶かすのがおすすめです。
生地を焼く前に冷蔵庫で冷やすと、焼きムラもなく、形よい焼き上がりに。
溶かしたバターはすぐ高温になるので、キャラメル風の香ばしさが加わります。
生地さえ作って冷蔵庫に入れておけば、食べたい時に焼くこともできますね。

チョコチップクッキー

溶かしバターならではの香ばしさと、カリッとした食感が魅力。生地は一度冷蔵庫で冷やすと、焼き上がりの形がきれいに。同量のベーキングパウダーでも作れますが、重曹のほうが色が茶色く、香りもついて、よりアメリカンに。ナッツを加えても。

CHOCOLATE CHIP COOKIES

SABLÉS AU THÉ

紅茶のサブレ

フランス風のさくさくのサブレにするには、卵黄と粉砂糖が大切なポイント。これで、ほろっとした食感が生まれます。紅茶は粉とともに混ぜ込み、茶葉をふんわりと香らせて。生地は冷凍室でしっかり休ませることで、型で抜きやすくします。

CHOCOLATE CHIP COOKIES

チョコチップクッキー

材料（直径8〜9cmのもの8枚分）

- 薄力粉 … 140g
- コーンスターチ … 小さじ1
- 重曹 … 小さじ½

バター（食塩不使用・3cm角に切る）… 85g

ブラウンシュガー（またはきび砂糖）… 40g

グラニュー糖 … 30g

卵 … ½個分

板チョコ（ミルク）… 70g

板チョコ（ホワイト）… 30g

下準備

- バターは耐熱ボウルに入れ、ラップをふんわりかけて電子レンジで30秒加熱して溶かし、粗熱をとる。
- 板チョコは1cm角に切る。
- 天板にオーブンシートを敷く。

作り方

1 バターのボウルに砂糖、卵（少しずつ）の順に加え、そのつど泡立て器でなじむまで混ぜる。

2 粉類をふるい入れ、ゴムベラで切るようにさっくりと混ぜ、粉っぽさが少し残るくらいでチョコを加え、さっくりと混ぜる。ラップをかけ、冷蔵室で1時間以上（または冷凍室で15分＋冷蔵室で15分）休ませる。

3 オーブンを180℃に温める。生地を8等分して丸め、天板に間隔をあけて並べ、指で押して直径7cmにし、180℃のオーブンで15分ほど焼く。

おそれいりますが
切手を
お貼りください

Postcard

104-8357

東京都中央区京橋3−5−7
(株)主婦と生活社　料理編集

「溶かしバターで作る
ワンボウルのお菓子」係行

ご住所
〒　　　　−

お電話
(　　　　　　)

フリガナ (　　　　　　　　　　　　　　) 性別
男　・　女

お名前　　　　　　　　　　　　　　　　年齢
歳

ご職業
1 主婦　2 会社員　3 自営業　4 学生　5 その他 (　　　　)

未婚　　　　　　　　家族構成 (年齢)
既婚 (　　　年)

「溶かしバターで作るワンボウルのお菓子」はいかがでしたか？

今後の企画の参考にさせていただくため、アンケートにご協力ください。
＊お答えいただいた方、先着1000名の中から抽選で20名様に、
小社刊行物（料理本）をプレゼントいたします
（刊行物の指定はできませんので、ご了承ください）。
当選者の発表は、商品の発送をもってかえさせていただきます。

Q1 この本を購入された理由は何ですか？

Q2 この本の中で「作りたい」と思ったお菓子を３つお書きください。

（　　　）ページの（

（　　　）ページの（

（　　　）ページの（

Q3 この本の表紙・内容・ページ数・価格のバランスはいかがですか？

Q4 料理は何を参考にして作ることが多いですか？

［テレビ／雑誌／新聞／書籍／ネットで検索（よく見るサイト　　　　）／
Instagram／X（旧Twitter）／その他（　　　　）

Q5 この本についてのご意見、ご感想をお聞かせください。

ご協力ありがとうございまし

SABLÉS AU THÉ

紅茶のサブレ

材料（5×3cmの長方形波型18枚分）

A
- 薄力粉 … 90g
- アーモンドパウダー … 10g
- コーンスターチ … 小さじ1
- ベーキングパウダー … 小さじ¼

紅茶の葉（ティーバッグ・アールグレイ）
… 1袋（2g）
バター（食塩不使用・3cm角に切る）… 40g
卵黄 … 1個分
牛乳 … 10g
粉砂糖 … 45g

下準備

- バターは耐熱容器に入れ、ラップをふんわりかけて電子レンジで30秒加熱して溶かし、粗熱をとる。
- 天板にオーブンシートを敷く。

作り方

1 ボウルに卵黄、牛乳を入れて泡立て器でなじむまで混ぜ、砂糖を加えて白っぽくなるまで混ぜる。溶かしたバターを加え、よく混ぜる。

2 A（ふるい入れて）、紅茶の葉を加え、ゴムベラで切るようにさっくりと混ぜ、粉っぽさがなくなったらオーブンシート2枚ではさみ、めん棒で4mm厚さにのばす。冷凍室で30分（または冷蔵室で1時間以上）休ませる。

3 オーブンを170℃に温める。生地を型で抜き、天板に間隔をあけて並べ、170℃のオーブンで15分ほど焼く。

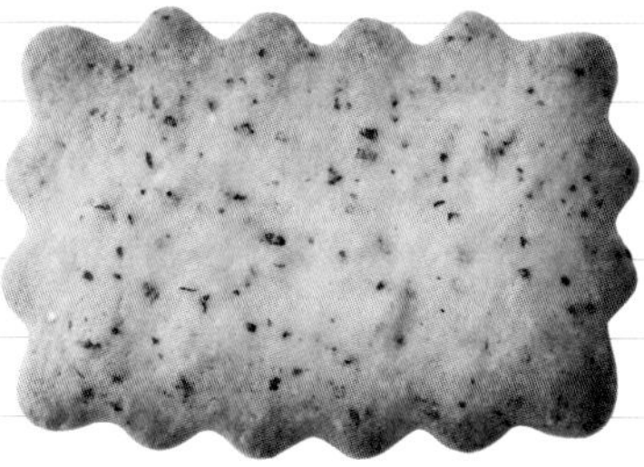

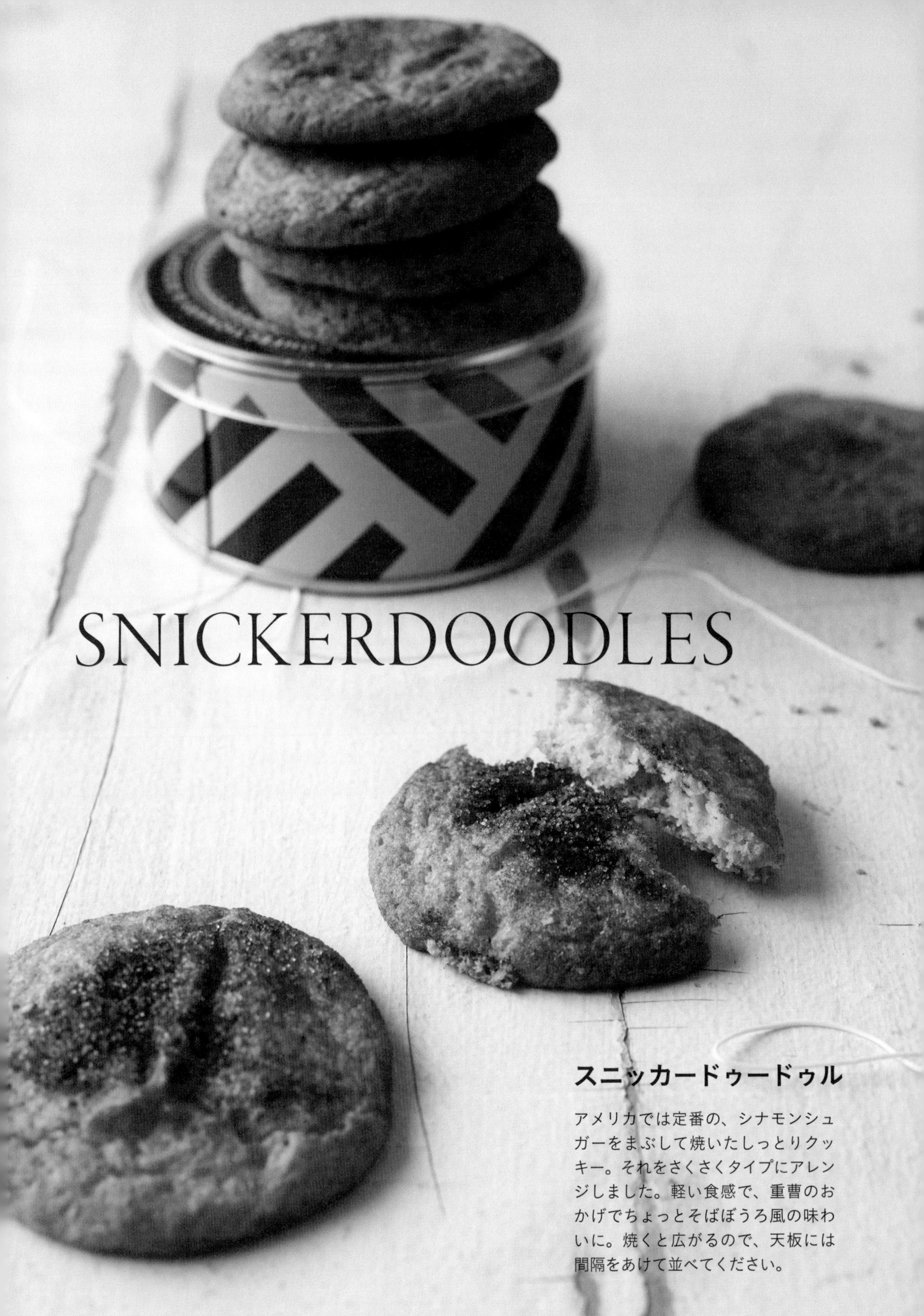

SNICKERDOODLES

スニッカードゥードゥル

アメリカでは定番の、シナモンシュガーをまぶして焼いたしっとりクッキー。それをさくさくタイプにアレンジしました。軽い食感で、重曹のおかげでちょっとそばぼうろ風の味わいに。焼くと広がるので、天板には間隔をあけて並べてください。

NUTS COOKIES

ナッツクッキー

こちらもさくっと軽い食感で、生地に数種類のナッツを混ぜ込んで、ナッツ感たっぷりに。トッピングのナッツはとれやすいので、ぐっと押し込んで。まん中を凹ませ、ジャムやドライフルーツをのせて焼いても。

SNICKERDOODLES

スニッカードゥードゥル

材料（直径7cmのもの12枚分）

- 薄力粉 … 95g
- ベーキングパウダー … 小さじ¼
- 重曹 … ふたつまみ

バター（食塩不使用・3cm角に切る）… 60g

卵 … ½個分

グラニュー糖 … 50g

きび砂糖 … 20g

A
- シナモンパウダー … 小さじ1
- グラニュー糖 … 20g

下準備

- バターは耐熱容器に入れ、ラップをふんわりかけて電子レンジで30秒加熱して溶かし、粗熱をとる。
- 天板にオーブンシートを敷く。
- オーブンを180℃に温める。

作り方

1 ボウルに卵、砂糖を入れて泡立て器でなじむまで混ぜ、溶かしたバターを加え、よく混ぜる。

2 粉類をふるい入れ、ゴムベラで切るようにさっくりと、粉っぽさがなくなるまで混ぜる。

3 生地を12等分して直径3cmに丸め、混ぜたAをまぶし、天板に間隔を広めにあけて並べ、指で押して直径4cmにする。残ったシナモンシュガーをまん中にふり、180℃のオーブンで15分ほど焼く。

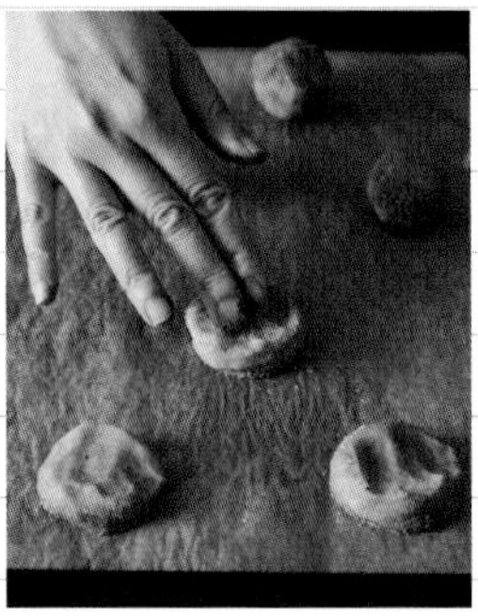

生地全体にシナモンシュガーをまぶしたら、天板に間隔をあけて並べ、指で押して直径4cmにする。焼くと広がるので、間隔はかなり広めにとって。

NUTS COOKIES

ナッツクッキー

材料（直径4cm のもの28個分）

- 薄力粉 … 140g
- コーンスターチ … 小さじ1
- ベーキングパウダー … 小さじ½

バター（食塩不使用・3cm 角に切る）… 85g

きび砂糖 … 60g

卵 … ½個分

ミックスナッツ（ホールアーモンド、くるみ、ヘーゼルナッツなど・無塩）… 合わせて60g

下準備

- バターは耐熱ボウルに入れ、ラップをふんわりかけて電子レンジで30秒加熱して溶かし、粗熱をとる。
- ナッツは粗く刻み、トッピング用に20g 分を取り分ける。
- 天板にオーブンシートを敷く。

作り方

1 バターのボウルに砂糖、卵（少しずつ）の順に加え、そのつど泡立て器でなじむまで混ぜる。

2 粉類をふるい入れ、ゴムベラで切るようにさっくりと混ぜ、粉っぽさが少し残るくらいでナッツを加え、さっくりと混ぜる。ラップをかけ、冷蔵室で 1 時間以上（または冷凍室で 15 分＋冷蔵室で 15 分）休ませる。

3 オーブンを 170℃に温める。生地を直径 3cm に丸め、天板に間隔をあけて並べ、指で押して直径 4cm にし、取り分けたナッツを上に押し込む。170℃のオーブンで 15 ～ 20 分焼く。

レモンスクエア

この本の中でいちばんの人気者。クッキー生地の薄さがポイントで、溶かしバターのおかげでカリッと焼き上がるので、上に流したやわらかなレモンフィリングとの食感のバランスが絶妙。レモンの酸味がきいていてさわやかです。

LEMON SQUARES

材料（15×15cm の角型1台分）

A
- 薄力粉 … 100g
- 粉砂糖 … 20g
- 塩 … ひとつまみ

バター（食塩不使用・3cm 角に切る）… 50g

飾り用の粉砂糖 … 適量

【レモンフィリング】

卵 … 2個

レモン汁 … 大さじ4

B
- グラニュー糖 … 110g
- 薄力粉 … 15g
- レモンの皮（ワックス不使用のもの）の すりおろし … 1個分

下準備

- 卵は室温に戻し、しっかり溶いておく。
- バターは耐熱容器に入れ、ラップをふんわりかけて電子レンジで30秒加熱して溶かし、粗熱をとる。
- 型にオーブンシートを敷く。
- オーブンを180℃に温める。

作り方

1 ボウルに A を入れて泡立て器でぐるぐるっと混ぜ、溶かしたバターを加えてゴムベラで切るようにさっくりと、粉っぽさがなくなるまで混ぜる。

2 型に入れて手で平らにならし、180℃のオーブンで 15 分ほど焼く。

＊手でならしたあとフライ返しなどで押して平らにすると、焼き上がりがきれいに

3 レモンフィリングを作る。ボウルに B を入れて両手ですり合わせて混ぜ、溶いた卵、レモン汁を加え、泡立て器でなじむまで混ぜる。

4 焼きたての 2 に流し（やけどに注意）、180℃に温めたオーブンで表面が揺れなくなるまで12 〜 15 分焼く。粗熱がとれたら型から出して冷まし、完全に冷めたら四角くカットし、粉砂糖を茶こしでふる。

レモンフィリングは、焼きたての熱いクッキー生地に流し入れるのがコツ。このあと 180℃に温めたオーブンで 12 〜 15 分焼くことで、きれいな 2 層に仕上がる。

TUILES À L'ORANGE

オレンジとアーモンドのチュイル

昔、働いていたフランスのレストランのレシピで、繊細な軽さが魅力。めん棒などでチュイル（屋根瓦）風にカーブをつけると本格的です。

TUILES COCO

ココナッツチュイル

こちらもフランスで習ったレシピ。ココナッツの風味と、さくさくの軽い食感が格別。粉を少しだけ加えることで、もろさをカバーします。

オレンジと
アーモンドのチュイル

材料（直径8cmのもの20枚分）

アーモンドスライス … 100g

バター（食塩不使用・3cm角に切る）… 60g

A
- 粉砂糖 … 100g
- 薄力粉 … 40g＊

B
- オレンジ果汁 … 40mℓ
- オレンジの皮（ワックス不使用のもの）のすりおろし … 少々
- グランマニエ … 大さじ1

＊人にあげる時などは、5gふやすと割れにくくなる

下準備

- バターは耐熱ボウルに入れ、ラップをふんわりかけて電子レンジで30秒加熱して溶かし、粗熱をとる。
- 天板にオーブンシートを敷く。

作り方

1 バターのボウルにAをふるい入れ、ゴムベラで切るようにさっくりと混ぜ、粉っぽさが少し残るくらいでアーモンドを加え、さっくりと混ぜる。

2 Bを加えてなじむまで混ぜ、ラップをかけて冷蔵室で1時間以上（または冷凍室で15分＋冷蔵室で15分）休ませる。

3 オーブンを160℃に温める。天板に大さじ1ずつ間隔を広めにあけて落とし、上を少し平らにし（a）、160℃のオーブンで15分ほど焼く。30秒ほどおいてから熱いうちにパレットナイフや薄いフライ返しで丸く形を整えながらはがし（やけどに注意）、めん棒にのせて固まるまで冷まし、カーブをつける（b）。

＊湿気やすいので、保存は冷蔵室か、密閉容器に乾燥剤とともに入れて

ココナッツチュイル

材料（直径6cmのもの18枚分）

A
- ココナッツファイン（p74参照）… 60g
- 薄力粉 … 10g
- グラニュー糖 … 60g

卵 … 1個

バター（食塩不使用・3cm角に切る）… 15g

下準備

- 卵は室温に戻す。
- バターは耐熱容器に入れ、ラップをふんわりかけて電子レンジで10秒加熱して溶かし、粗熱をとる。
- 天板にオーブンシートを敷く。

作り方

1 ボウルにAを入れて泡立て器でぐるぐるっと混ぜ、溶いた卵を2回に分けて加え、そのつどなじむまで混ぜる。溶かしたバターを加えてよく混ぜ、ラップをかけて冷蔵室で30分以上休ませる。

2 オーブンを160℃に温める。天板に小さじ2ずつ間隔をあけて落とし、直径5cmにのばし、160℃のオーブンで15分ほど焼く。

a

b

COFFEE COOKIES

コーヒークッキー

この薄さがおいしさのポイント。強力粉を使ってカリッと焼き上げます。カルダモンは、かわりにシナモンやジンジャーでもいいですね。

材料（6×3cm のもの25枚分）

強力粉 … 75g
ベーキングパウダー … 指2本でひとつまみ

カルダモン（ホール）… 2粒*

A
- バター（食塩不使用・3cm 角に切る）… 30g
- きび砂糖 … 15g
- メープルシロップ … 大さじ1½
- 牛乳 … 大さじ½
- インスタントコーヒー … 小さじ½

*パウダーなら小さじ¼

下準備

- カルダモンは外側の皮をむき、黒い種子をオーブンシートではさみ、めん棒で砕く。
- 天板にオーブンシートを敷く。

作り方

1. 耐熱ボウルに A を入れ、ラップをふんわりかけて電子レンジで 30 秒加熱し、泡立て器でよく混ぜ、粗熱をとる。
2. 粉類（ふるい入れて）、カルダモンを加え、ゴムベラでさっくりと混ぜ、粉っぽさがなくなったらオーブンシート 2 枚ではさみ、めん棒で 15 × 30cm（3mm 厚さ）にのばす。冷凍室で 20 分（または冷蔵室で 1 時間以上）休ませる。
3. オーブンを 170℃に温める。ナイフで 5 × 5 列に切り、天板に間隔をあけて並べ、170℃のオーブンで 15 分ほど焼く。

［カルダモン］
スパイスの女王と呼ばれるスパイスで、エキゾチックな香りと清涼感が特徴。外側の皮（さや）を除き、中の黒い種子を砕いて使用。

MADELEINES ...etc.

溶かしバターのマフィン、マドレーヌ、フィナンシェ

手軽さ No.1の焼き菓子・マフィンは、溶かしバターでさらに簡単に。
生地はぐるぐる混ぜるだけでも、バターのコクが生きて濃厚な味わいです。
マドレーヌとフィナンシェは、溶かしバターをいちばんおいしく食べられる
フランス菓子の代表。決して難しくないので、ぜひ作ってみてください。
このほか、きめ細かでふんわりとしたホットビスケットもご紹介します。

BANANA MUFFIN

バナナマフィン

粉類に液体を一気に加え、ぐるぐる混ぜるだけ。バターも少なめで、軽めの配合のマフィンです。レモン汁が入ると生地の立ち上がりがよくなり、あと味はすっきり。バナナは小さめに切り、全体に混ぜ込みます。

MANGO & ORANGE MUFFIN

マンゴーオレンジマフィン

季節を問わず購入できる冷凍のカットマンゴーを、解凍せずに加えて作ります。オレンジジュースを加えた生地は、さわやかでジューシーな焼き上がり。もしもなければ、同量のヨーグルトで作ってもOKです。

BANANA MUFFIN

バナナマフィン

材料（直径7cm のマフィン型6個分）

A
- 薄力粉 … 150g
- グラニュー糖（できれば細かめのもの）… 85g
- ベーキングパウダー … 小さじ1¼

バター（食塩不使用・3cm 角に切る）… 50g

卵 … 1個

- 牛乳 … 70g
- レモン汁 … 小さじ1

バナナ … 1本（正味100g）

レモン汁 … 小さじ1

レモンの皮（ワックス不使用のもの）の
すりおろし … 少々

下準備

- 卵は室温に戻す。
- バターは耐熱容器に入れ、ラップをふんわりかけて電子レンジで30秒加熱して溶かし、粗熱をとる。
- 牛乳とレモン汁は混ぜておく。
- バナナは1cm 幅の半月切りにし、レモン汁をかける（色止め）。
- 型に紙カップを敷く。
- オーブンを190℃に温める。

作り方

1 ボウルに **A** を入れて泡立て器でぐるぐるっと混ぜ、まん中に溶かしたバター、溶いた卵、牛乳＋レモン汁を加え、まわりの粉を少しずつくずしながらぐるぐるっと混ぜる。

2 粉っぽさが少し残るくらいでバナナの⅔量、レモンの皮を加え、ゴムベラでさっくりと混ぜる。

3 型の 8 分目まで入れ、残りのバナナを上に押し込み、190℃のオーブンで 20 分ほど焼く。

MANGO & ORANGE MUFFIN

マンゴーオレンジマフィン

材料（直径7cmのマフィン型6個分）

A
- 薄力粉 … 150g
- グラニュー糖（できれば細かめのもの）… 70g
- ベーキングパウダー … 小さじ1¼

バター（食塩不使用・3cm角に切る）… 50g
卵 … 1個
オレンジジュース（果汁100%）… 70g
マンゴー（冷凍・1.5cm角に切る）… 100g

下準備

- 卵は室温に戻す。
- バターは耐熱容器に入れ、ラップをふんわりかけて電子レンジで30秒加熱して溶かし、粗熱をとる。
- 型に紙カップを敷く。
- オーブンを190°Cに温める。

作り方

1 ボウルにAを入れて泡立て器でぐるぐるっと混ぜ、まん中に溶かしたバター、溶いた卵、オレンジジュースを加え、まわりの粉を少しずつくずしながらぐるぐるっと混ぜる。

2 粉っぽさが少し残るくらいでマンゴーの半量（凍ったまま）を加え、ゴムベラでさっくりと混ぜる。

3 型の8分目まで入れ、残りのマンゴー（凍ったまま）を上に押し込み、190°Cのオーブンで20分ほど焼く。

JAM MADELEINE

ジャムマドレーヌ

溶かしバターの焼き菓子の代表といえばこれ。冷やした型に冷やした生地を入れて焼くことで、ぷくっとかわいいおへそができます。生地はひと晩休ませると、よりきめ細かに。ジャムは、お好みのもので。

ゆずマドレーヌ

ゆずの皮を混ぜ込んだ生地は、すっきりとさわやかな風味。アイシングを薄く塗ったら、すぐに高温のオーブンで乾かし、すりガラスのようなコーティングに仕上げます。ゆずのほかすだちやレモンなど、好みの柑橘類でどうぞ。

YUZU MADELEINE

JAM MADELEINE

ジャムマドレーヌ

材料（7.5×5cm のマドレーヌ型8個分）

| 薄力粉 … 65g
| ベーキングパウダー … 小さじ1

バター（食塩不使用・3cm 角に切る）… 70g
卵 … 1個
グラニュー糖 … 40g
牛乳 … 大さじ1
はちみつ … 小さじ1
いちごジャム … 40g

下準備

- 卵は室温に戻す。
- バターは湯せん（ボウルの底に熱湯をあてる）にかけて溶かし、温めておく。
- 型に室温に戻したバターを塗り、薄力粉を茶こしで薄くまぶし（ともに分量外）、余分な粉を落として冷蔵室で冷やしておく。

作り方

1 ボウルに卵、砂糖を入れて泡立て器でなじむまで混ぜ、牛乳、はちみつを加えてよく混ぜる。

2 粉類をふるい入れ、泡立て器でぐるぐるっと混ぜ、粉っぽさがなくなったら溶かしたバター（温かいもの）を加え、よく混ぜる。ラップをかけ、冷蔵室で1時間以上（できれば6時間〜1日）休ませる。

3 オーブンに天板を入れ、190℃に温める。生地をスプーンで型の⅓まで入れ、まん中を少しへこませ、いちごジャムを小さじ⅔ずつのせ、残りの生地をのせる。190℃のオーブンで12分ほど焼く。

＊直径 7cm のマフィン型（6 個分）や、マフィンカップ、アルミのベーキングカップで同様に焼いても。焼き上がりの目安は、中央に竹串を刺してどろっとした生地がつかなければOK

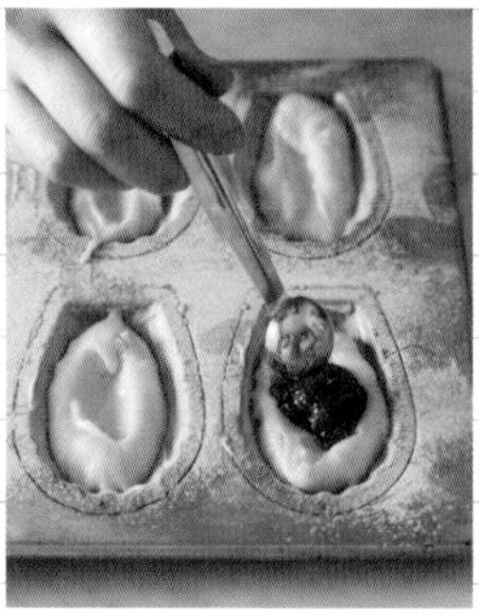

マドレーヌ型の⅓まで生地を入れたら、スプーンでまん中を少しへこませてから、いちごジャムを小さじ⅔ずつのせる。このあと、残りの生地をのせる。

YUZU MADELEINE

ゆずマドレーヌ

材料（7.5×5cm のマドレーヌ型8個分）

| 薄力粉 … 65g
| ベーキングパウダー … 小さじ1

バター（食塩不使用・3cm 角に切る）… 70g

卵 … 1個

グラニュー糖 … 40g

牛乳 … 大さじ1

はちみつ … 小さじ1

ゆずの皮（すりおろす）… ½個分

【ゆずアイシング】

粉砂糖 … 70g

ゆずの絞り汁 … 1個分（小さじ2）*

*足りなければレモン汁を足す

下準備

- 卵は室温に戻す。
- バターは湯せん（ボウルの底に熱湯をあてる）にかけて溶かし、温めておく。
- 型に室温に戻したバターを塗り、薄力粉を茶こしで薄くまぶし（ともに分量外）、余分な粉を落として冷蔵室で冷やしておく。

作り方

1 ボウルに卵、砂糖を入れて泡立て器でなじむまで混ぜ、牛乳、はちみつを加えてよく混ぜる。

2 粉類をふるい入れ、泡立て器でぐるぐるっと混ぜ、粉っぽさがなくなったら溶かしたバター（温かいもの）、ゆずの皮を加え、よく混ぜる。ラップをかけ、冷蔵室で1時間以上（できれば6時間〜1日）休ませる。

3 オーブンに天板を入れ、190℃に温める。生地をスプーンで型に入れ、190℃のオーブンで12分ほど焼く。

4 ゆずアイシングを作る。小さめの容器に粉砂糖をふるい入れ、ゆずの絞り汁を少しずつ加えてゴムベラで練り、ゆっくり落ちるくらいのかたさにする。3の粗熱がとれたら表面に塗り、オーブンシートを敷いた天板に並べ、200℃に温めたオーブンで1分焼いて乾かす。

*直径7cmのマフィン型（6個分）や、マフィンカップ、アルミのベーキングカップで同様に焼いても。焼き上がりの目安は、中央に竹串を刺してどろっとした生地がつかなければOK

アイシングは、ふるった粉砂糖にゆずの絞り汁を少しずつ加えてゴムベラで練り、ゆっくり落ちるくらいのかたさにする。

CARAMEL CREAM MADELEINE

キャラメルクリーム マドレーヌ

以前パリで流行った、はちみつシロップやレモンカードを絞り入れるマドレーヌ。これはそのキャラメルクリーム版。キャラメルクリームは作りおきできるので、前もって作っても。日持ちは、冷蔵室で約2週間。

材料（7.5×5cmのマドレーヌ型8個分）

| 薄力粉 … 65g
| ベーキングパウダー … 小さじ1

バター（食塩不使用・3cm角に切る）… 70g

卵 … 1個

グラニュー糖 … 40g

牛乳 … 大さじ1

はちみつ … 小さじ1

【キャラメルクリーム】

A | グラニュー糖 … 70g
| 水 … 大さじ½

バター（食塩不使用）… 小さじ1

生クリーム … 70g

塩 … 少々

下準備

- 卵は室温に戻す。
- 生地用のバターは湯せん（ボウルの底に熱湯をあてる）にかけて溶かし、温めておく。
- 型に室温に戻したバターを塗り、薄力粉を茶こしで薄くまぶし（ともに分量外）、余分な粉を落として冷蔵室で冷やしておく。

作り方

1 キャラメルクリームを作る。小鍋にAを入れて強めの中火にかけ、ふちから色づいてきたら鍋を回して混ぜ、全体がこげ茶色になったら火を止め、鍋を回して余熱でしょうゆ色にする。バターを加えて混ぜる。

2 耐熱容器に生クリームを入れ、ラップをかけずに電子レンジで20秒温め、1に2回に分けて加え（沸き上がってくるので注意）、そのつど耐熱のヘラで混ぜる。中火にかけてとろみがつくまで1〜2分煮詰め、塩を加え、粗熱がとれたら冷蔵室で冷やす。

＊あれば、バニラビーンズかバニラオイル少々を生クリームに加えて加熱するといい

3 ボウルに卵、砂糖を入れて泡立て器でなじむまで混ぜ、牛乳、はちみつを加えてよく混ぜる。

4 粉類をふるい入れ、泡立て器でぐるぐるっと混ぜ、粉っぽさがなくなったら溶かしたバター（温かいもの）を加え、よく混ぜる。ラップをかけ、冷蔵室で1時間以上（できれば6時間〜1日）休ませる。

5 オーブンに天板を入れ、190℃に温める。生地をスプーンで型に入れ、190℃のオーブンで12分ほど焼く。温かいうちに2のクリームを直径5mmの丸口金をつけた絞り袋に入れ、マドレーヌのふくらんだ部分の根元に約10gずつ絞り入れる。

キャラメルは強火で焦がし、こげ茶色になって煙が出て、泡がブクブク早く立つようになったら火を止め、余熱でしょうゆ色にする（写真）。

生クリームを加えたら再び中火にかけ、耐熱のヘラでかいた時に底が見えるくらいにとろみがつくまで、1〜2分混ぜながら煮詰める。

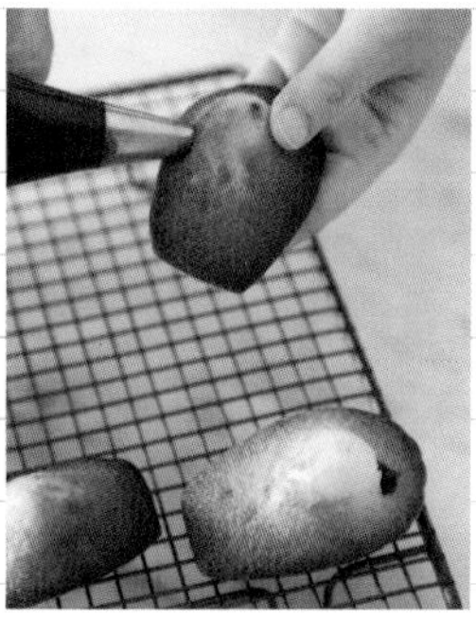

マドレーヌのふくらんだ部分の根元に丸口金を斜めに差し込み、押し戻されるまでクリームを絞り入れる。

GINGER FINANCIER

しょうがフィナンシェ

アーモンドパウダー＋卵白＋焦がしバターで作る、フランスらしいお菓子。さくっとした生地に、しょうがの風味をきかせました。

MATCHA FINAMCIER

抹茶フィナンシェ

アーモンドと好相性の抹茶を加えた、ちょっぴり和菓子風。焼き色はひかえめにし、抹茶の色みを生かします。

しょうがフィナンシェ

材料（8×4cm のフィナンシェ型6個分）

- アーモンドパウダー … 45g
- 薄力粉 … 15g
- ベーキングパウダー … 小さじ⅓

バター（食塩不使用・3cm 角に切る）… 65g
卵白 … 2個分（60g）
きび砂糖 … 45g
はちみつ … 小さじ2
しょうが（すりおろす）… 10g

下準備

- 卵白は室温に戻す。
- 型に室温に戻したバターを塗り、薄力粉を茶こしで薄くまぶし（ともに分量外）、余分な粉を落として冷蔵室で冷やしておく。

作り方

1 小鍋にバターを入れて中火にかけ、時々鍋を回しながら、薄茶色になって香りが立ってきたら火からおろし（p22 参照）、茶こしでこす。
2 ボウルに卵白、砂糖を入れ、泡立て器を底につけて卵白のコシを切るようにほぐす。粉類をふるい入れてぐるぐるっと混ぜ、1（温かいもの）、はちみつとしょうがの順に加え、そのつどぐるぐるっと混ぜる。ラップをかけ、冷蔵室で2時間以上（～1日）休ませる。
3 オーブンを 200℃に温める。型に生地を入れ、ナイフですり切り、170℃に設定し直したオーブンで 12 分ほど焼く。

＊マフィンカップやアルミのマドレーヌ型に、生地を 1.5cm 高さに入れて焼いても

抹茶フィナンシェ

材料（8×4cm のフィナンシェ型6個分）

- アーモンドパウダー … 45g
- 薄力粉 … 15g
- 抹茶 … 4g
- ベーキングパウダー … 小さじ⅓

バター（食塩不使用・3cm 角に切る）… 65g
卵白 … 2個分（60g）
グラニュー糖 … 45g
はちみつ … 小さじ2

下準備

- 卵白は室温に戻す。
- 型に室温に戻したバターを塗り、薄力粉を茶こしで薄くまぶし（ともに分量外）、余分な粉を落として冷蔵室で冷やしておく。

作り方

1 左と同じ（作り方の 2 で、粉類と一緒に抹茶を加える）。

型に生地を入れたら、ナイフで上面をすり切り、角まで生地が行き渡るようにするのがポイント。焼いた時にきれいに立ち上がり、角もシャープに出る。

材料（5.5cm 角のもの8個分）

A
- 薄力粉 … 200g
- きび砂糖 … 30g
- ベーキングパウダー … 小さじ2
- 塩 … ひとつまみ

バター（食塩不使用・3cm 角に切る）… 50g

B
- プレーンヨーグルト … 50g
- 牛乳 … 大さじ2
- 卵 … ½個分

ツヤ出し用の牛乳 … 適量

下準備

- バターは耐熱ボウルに入れ、ラップをふんわりかけて電子レンジで30秒加熱して溶かし、粗熱をとる。
- 天板にオーブンシートを敷く。
- オーブンを190℃に温める。

作り方

1 バターのボウルに A をふるい入れ、ゴムベラでなじむまで混ぜ、指でこすり合わせるようにして細かくする。全体が細かいそぼろ状になったら B を加え、ひとまとめにする。

＊ベタつくようなら、上から打ち粉（薄力粉大さじ 1・分量外）をふって

2 オーブンシート 2 枚ではさみ、めん棒で 2cm 厚さ（11 × 22cm）にのばす。ナイフで 2 × 4 列に切り、天板に並べる。

3 表面に牛乳を塗り、190℃のオーブンで 15 分ほど焼く。好みでクロテッドクリーム、マーマレード（ともに分量外）を添える。

ホットビスケット

バターを切り混ぜる必要がない、さっくりとした食感のスコーン風。牛乳と卵を生クリーム50mℓにかえると、冷めてもふんわりしたままです。

HOT BISCUITS

TARTS

溶かしバターのタルト

フランスの家庭でよく作られている「パートブリゼ」を溶かしバターでアレンジ。
少しのベーキングパウダーで、パイのような層もできるのが魅力です。
生地作りの最大のポイントは、混ぜすぎないこと。溶かしバターを加えたあとは、
水と完全に混ざりきらないくらいで混ぜ終わりにし、ざっとひとまとめに。
生地は休ませず、型に敷き込んだらすぐにから焼きすると、きれいに仕上がります。

FOLD-OVER APPLE TART

りんごの手びねりタルト

バターの風味、さくっとした食感が楽しめるシンプルなタルト。りんごは生のままのせて、ジューシーに。表面にグラニュー糖をふって焼き、キャラメル風の香ばしさを加えます。

BANANA TART

バナナタルト

アーモンドクリームを焼き込んだ、フランス風のリッチなタルトです。タルト台にはほとんど甘みがないので、ざくっと軽い味わいが楽しめます。バナナにはマーマレードをからめ、さわやかな風味に仕上げました。

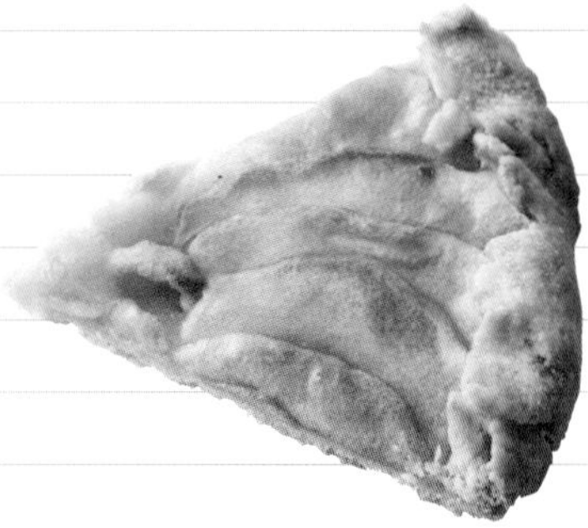

FOLD-OVER APPLE TART
りんごの手びねりタルト

材料（直径22cmのもの1台分）

A
- 薄力粉 … 60g
- 強力粉 … 60g
- グラニュー糖 … 小さじ1
- ベーキングパウダー … 小さじ¼
- 塩 … 小さじ¼

バター（食塩不使用・3cm角に切る）… 50g
水 … 小さじ4
りんご（あれば紅玉）… 1個（200g）
仕上げ用のグラニュー糖（大さじ1を取り分ける）… 50g
仕上げ用のバター（食塩不使用）… 20g
あんずジャム … 大さじ2

下準備

- 生地用のバターは耐熱容器に入れ、ラップをふんわりかけて電子レンジで30秒加熱して溶かし、粗熱をとる。
- りんごは皮をむき、3mm幅のくし形に切る。
- オーブンに天板を入れ、180℃に温める。

作り方

1 ボウルにAを入れて菜箸でざっくり混ぜ、溶かしたバターを加え、大きなかたまりができるまで混ぜる。指でこすり合わせるようにして細かくし、粉っぽさがなくなったら水を加え、ざっとひとまとめにする。

2 オーブンシート2枚ではさみ、めん棒で直径25cmにのばし、ふちを3cm残して取り分けたグラニュー糖を全体にふり、りんごを外側から少しずつずらして並べる（まん中には小さく刻んでのせる）。ふちを内側に折りたたんで丸く成形し、仕上げ用のグラニュー糖、バターをちぎって散らす。

3 シートごと天板にのせ（やけどに注意）、180℃のオーブンで20分、170℃に下げて30分ほど焼く。電子レンジで軽く温めたあんずジャムをりんごにはけで塗る。

＊焼いている途中でりんごの果汁があふれそうになったら、生地の底全体にフォークで穴をあける

粉類と溶かしバターを菜箸で混ぜ、大きなかたまりができたら、指先でこすり合わせて細かくする。

りんごは外側から少しずつずらして並べる。重ねすぎると、火の通りが悪くなるので注意して。

タルト生地のふちは内側に3cm折りたたみ、少しずつ重ねながら丸く成形する。

BANANA TART

バナナタルト

材料（直径18cmの底が取れるタルト型1台分）

A
- 薄力粉 … 60g
- 強力粉 … 60g
- グラニュー糖 … 小さじ1
- ベーキングパウダー … 小さじ¼
- 塩 … 小さじ¼

バター（食塩不使用・3cm角に切る）… 50g

水 … 小さじ4

バナナ … 2本（正味200g）

B
- マーマレード … 大さじ3
- ラム酒（あればグランマニエ）… 小さじ1

【アーモンドクリーム】

アーモンドパウダー … 50g

バター（食塩不使用）… 50g

グラニュー糖 … 50g

卵 … 1個

薄力粉 … 大さじ1

ラム酒（好みで）… 小さじ1

下準備

- アーモンドクリーム用のバター、卵はそれぞれ室温に戻す。
- 生地用のバターは耐熱容器に入れ、ラップをふんわりかけて電子レンジで30秒加熱して溶かし、粗熱をとる。
- バナナは5mm幅の輪切りにする。
- オーブンを180℃に温める。

作り方

1 ボウルに**A**を入れて菜箸でざっくり混ぜ、溶かしたバターを加え、大きなかたまりができるまで混ぜる。指でこすり合わせるようにして細かくし（左ページ参照）、粉っぽさがなくなったら水を加え、ざっとひとまとめにする。

2 ラップ2枚ではさみ、めん棒で直径23cmにのばし、上のラップを除いて型にひっくり返してのせて敷き込む。型のふちに生地をくっつけ、生地が大きくはみ出ていたらはさみで切り、底全体にフォークで穴をあける。

3 オーブンシートと重し（タルトストーンや米、乾燥豆など）をのせ、180℃のオーブンで20分、シートと重しをはずしてさらに10分焼く。

4 アーモンドクリームを作る。ボウルにやわらかくしたバターを入れ、泡立て器でクリーム状に練り、残りの材料を加えてすり混ぜる。

5 タルト台の粗熱がとれたら4を広げ、混ぜた**B**をからめたバナナを外側から少しずつずらして並べる。180℃に温めたオーブンで10分、170℃に下げて30分ほど焼く。残った**B**をバナナにはけで塗る。

型にタルト生地をひっくり返してのせたら、ラップをはずし、指で押して底の角までしっかり敷き込む。

バナナは外側から少しずつずらして並べ、2列目は反対回りに同様に少しずつずらして並べる。

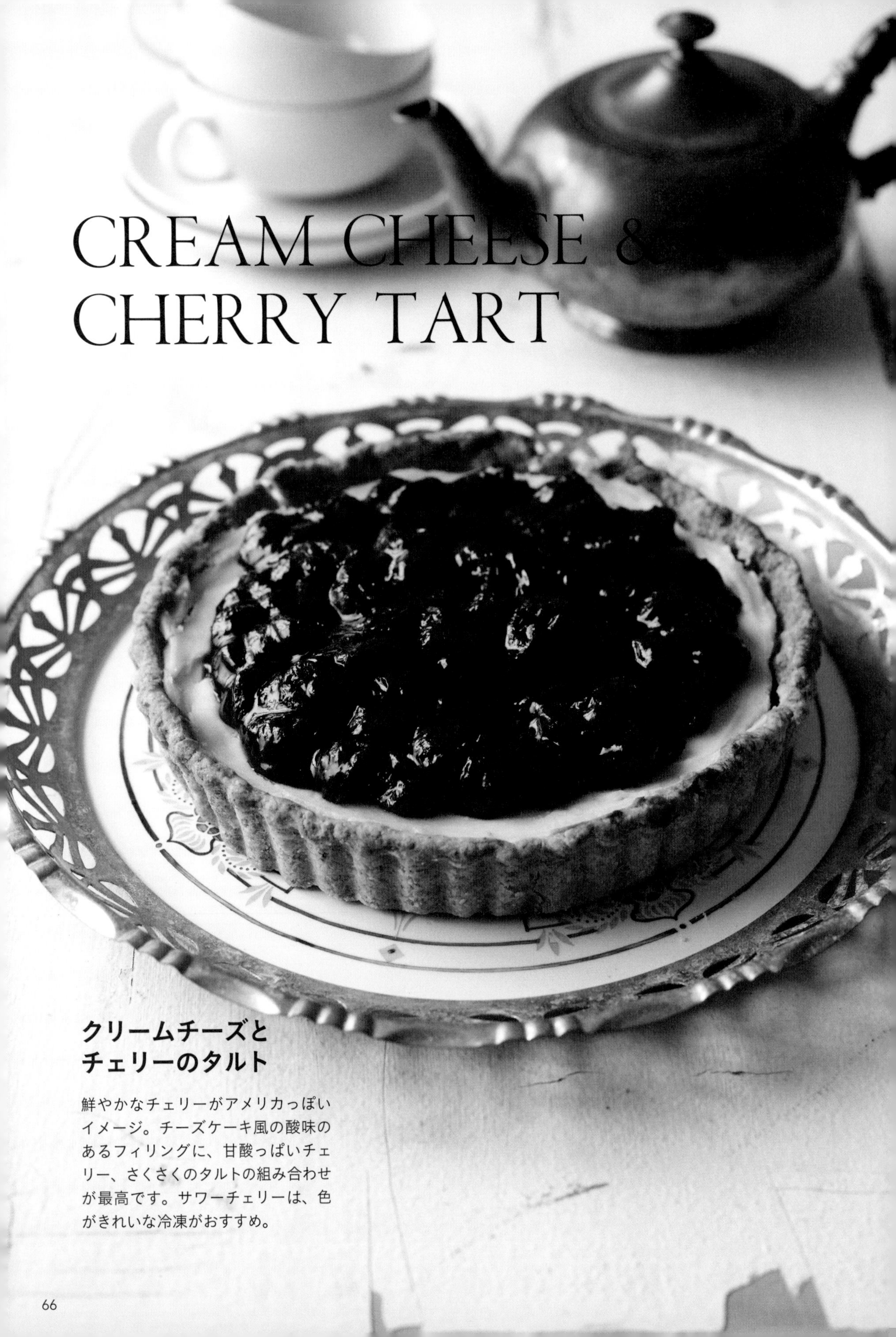

CREAM CHEESE & CHERRY TART

クリームチーズとチェリーのタルト

鮮やかなチェリーがアメリカっぽいイメージ。チーズケーキ風の酸味のあるフィリングに、甘酸っぱいチェリー、さくさくのタルトの組み合わせが最高です。サワーチェリーは、色がきれいな冷凍がおすすめ。

材料（直径18cmの底が取れるタルト型1台分）

A
- 薄力粉 … 60g
- 強力粉 … 60g
- グラニュー糖 … 小さじ1
- ベーキングパウダー … 小さじ¼
- 塩 … 小さじ¼

バター（食塩不使用・3cm角に切る）… 50g

水 … 小さじ4

【チーズフィリング】

クリームチーズ … 200g

グラニュー糖 … 60g

生クリーム … 100g

卵黄 … 1個分

コーンスターチ … 大さじ1

【チェリーのシロップ煮】

サワーチェリー（冷凍・または缶詰）… 正味160g

B
- グラニュー糖 … 50g
- コーンスターチ … 大さじ1
- シナモンパウダー … 小さじ½

下準備

- バターは耐熱容器に入れ、ラップをふんわりかけて電子レンジで30秒加熱して溶かし、粗熱をとる。
- チェリーは解凍して実と果汁に分け、果汁は120mℓ分を用意する（足りなければ水を足す）。
- オーブンを180℃に温める。

作り方

1 ボウルにAを入れて菜箸でざっくり混ぜ、溶かしたバターを加え、大きなかたまりができるまで混ぜる。指でこすり合わせるようにして細かくし（p64参照）、粉っぽさがなくなったら水を加え、ざっとひとまとめにする。

2 ラップ2枚ではさみ、めん棒で直径23cmにのばし、上のラップを除いて型にひっくり返してのせて敷き込む（p65参照）。型のふちに生地をくっつけ、生地が大きくはみ出ていたらはさみで切り、底全体にフォークで穴をあける。

3 オーブンシートと重し（タルトストーンや米、乾燥豆など）をのせ、180℃のオーブンで20分、シートと重しをはずしてさらに10分焼く。

4 チーズフィリングを作る。耐熱ボウルにクリームチーズを入れ、ラップをかけて電子レンジで40秒加熱してやわらかくし、残りの材料を上から順に加え、そのつど泡立て器ですり混ぜる。焼き上がったタルト台に流し、170℃に温めたオーブンで10分ほど焼く。

5 チェリーのシロップ煮を作る。小鍋にチェリーの果汁、Bを入れ、泡立て器で混ぜながら中火にかけ、とろみがついたらチェリーを加えて混ぜる。粗熱がとれたら汁ごと4にのせ、冷蔵室で冷やす。

チェリーのシロップ煮は、小鍋にチェリーの実以外の材料を入れて中火で煮、しっかりとろみがついたらチェリーを加えて混ぜる。

材料（直径18cmの底が取れるタルト型1台分）

A
- 薄力粉 … 60g
- 強力粉 … 60g
- グラニュー糖 … 小さじ1
- ベーキングパウダー … 小さじ¼
- 塩 … 小さじ¼

バター（食塩不使用・3cm角に切る）… 50g

水 … 小さじ4

【フィリング】

かぼちゃ（種とワタを除き、4等分に切る）
　… ¼個（250g）

生クリーム … 50g

ブラウンシュガー（またはきび砂糖）… 40g

牛乳 … 大さじ2

シナモンパウダー、ナツメグパウダー
　… 合わせて小さじ⅓

卵 … 1個

【トッピング】

サワークリーム … 90g

グラニュー糖 … 10g

下準備

- 卵は室温に戻す。
- バターは耐熱容器に入れ、ラップをふんわりかけて電子レンジで30秒加熱して溶かし、粗熱をとる。
- オーブンを180℃に温める。

作り方

1 タルト生地は「バナナタルト」1〜3（p65）と同様に作る。

2 フィリングを作る。かぼちゃは洗って水がついたまま耐熱皿にのせ、ラップをかけて電子レンジで3分加熱し、皮を除いて180g分を用意する。卵以外の材料とともにミキサーかフードプロセッサーにかけ、ボウルに移して卵を加えて泡立て器で混ぜ、ざるでこす。

3 焼き上がったタルト台に2を流し、180℃に温めたオーブンで20〜30分焼く。

4 トッピングを作る。耐熱容器に材料を入れ、ラップをかけずに電子レンジで10秒加熱し、泡立て器ですり混ぜる。3が温かいうちに流し、粗熱がとれたら冷蔵室で冷やす。

かぼちゃのタルト

かぼちゃプリンのようになめらかでクリーミーなフィリングに、酸味のあるサワークリームをトッピング。誰もが大好きな味です。

PUMPKIN TART

SNACKS

溶かしバターのおやつ

普段のおやつに食べたいお菓子も、溶かしバターを使えばぐっと手軽に、おいしく作れます。おやつの定番・ドーナッツは、クッキー風の水分の少ない生地で、さくっと軽い仕上がりに。グラノーラも油のかわりにバターを使えば、よりコクのある味わいになります。このほかデザート風のひと皿や、話題のトルコ風のお菓子も、シンプルレシピでご紹介します。

OLD-FASHIONED DONUT

オールドファッションドーナッツ

外はさくさく、中はほろっとした、昔ながらのドーナッツ。表面に切り込みを入れると、独特のひびが入って、そこから油がしみ込んでさくっと仕上がります。型抜きしにくい時は、冷蔵室で30分休ませてください。

材料（直径6.5cmのドーナッツ型6個分）

- 薄力粉 … 170g
- ベーキングパウダー … 小さじ1
- バター（食塩不使用・3cm角に切る）… 30g
- 卵 … 1個
- きび砂糖 … 50g
- 揚げ油、仕上げ用のグラニュー糖 … 各適量

下準備

- バターは耐熱容器に入れ、ラップをふんわりかけて電子レンジで30秒加熱して溶かし、粗熱をとる。

作り方

1. ボウルに卵、砂糖を入れ、泡立て器でなじむまで混ぜ、溶かしたバターを加えてぐるぐるっと混ぜる。粉類をふるい入れ、ゴムベラでさっくりと、粉っぽさがなくなるまで混ぜる。
2. オーブンシート2枚ではさみ、めん棒で1cm厚さにのばし、打ち粉（薄力粉・分量外）をつけた型で抜き、表面にナイフの先で1周浅く切り込みを入れる。
3. フライパンに揚げ油を2cm入れて中温（170℃）に熱し、2を片面2分ずつこんがり揚げ、グラニュー糖をまぶす。

＊生地を油に入れると、バターが溶けて泡が出てくるけれど気にしないで
＊型は近いサイズのグラス（直径6.5cm＋穴は直径3cm）を使っても
＊くりぬいたまん中の生地も一緒に揚げて

生地は型で抜いたら、表面にナイフで1周浅く切り込みを入れる。この部分が、オールドファッションドーナッツのトレードマークのひび割れに。

バクラヴァ風春巻き

SPRING ROLL WITH NUTS

バクラヴァはトルコや中近東に伝わる甘いお菓子で、ナッツたっぷりのフィリングが特徴。本来なら何層も重ねるフィロ（ペイストリー）生地は、春巻きの皮を巻いてアレンジ。途中で一回裏返すと、全体がキャラメル状になって香ばしいです。

材料（9cm 長さのもの 10本分）

春巻きの皮 … 5枚

バター（食塩不使用・3cm 角に切る）… 40g

くるみ、ホールアーモンド、ピスタチオなど … 合わせて100g

はちみつ … 大さじ4

カルダモン（ホール・砕く）… 少々*

グラニュー糖 … 大さじ1

* p46参照

作り方

1 春巻きの皮に溶かしたバターをはけで塗り、裏返してナイフで縦半分に切る。手前側にナッツ+はちみつ+カルダモンを等分してのせ、手前からくるくる巻く。

2 巻き終わりを下にして天板に並べ、グラニュー糖をふり、180℃のオーブンで10分、裏返して5分ほど焼く。

下準備

- バターは耐熱容器に入れ、ラップをふんわりかけて電子レンジで30秒加熱して溶かし、粗熱をとる。
- ナッツはフライパンの中火でからいりし、細かく刻んではちみつ、カルダモンを混ぜる。
- 天板にオーブンシートを敷く。
- オーブンを180℃に温める。

春巻きの皮は1枚ずつ広げ、溶かしたバターを全体にまんべんなくはけで塗る。

裏返して縦半分に切り、ナッツとはちみつ、カルダモンを混ぜたものを等分してのせ、手前からくるくる巻く。

GRANOLA

グラノーラ

オートミールのザクザクした食感に、バターとココナッツの香りを合わせるのが好きです。生地を混ぜる時にあえてかたまりを作ると、カリッと歯ごたえが出ておいしい。好みのナッツを入れて焼くのもおすすめです。

材料（3½カップ分）

A
- オートミール … 1½カップ
- アーモンドスライス … 大さじ3
- ココナッツファイン … 大さじ3
- メープルシロップ … 大さじ3
- ブラウンシュガー（またはきび砂糖）… 大さじ2
- 牛乳 … 大さじ2
- 薄力粉（あれば全粒粉）… 大さじ1½
- 塩 … 少々

バター（食塩不使用・3cm角に切る）… 35g
ドライフルーツ（レーズン、あんず、
　クランベリーなど）… 合わせて60g

下準備

- バターは耐熱ボウルに入れ、ラップをふんわりかけて電子レンジで30秒加熱して溶かす。
- ドライフルーツはレーズン大に切る。
- 天板にオーブンシートを敷く。
- オーブンを140℃に温める。

作り方

1 バターのボウルにAを加えてゴムベラで混ぜ、天板に薄く広げ、手で軽くまとめてところどころにかたまりを作る。

2 140℃のオーブンで40分ほど焼き、熱いうちにドライフルーツを加えて混ぜ（やけどに注意）、オーブンに戻して15分乾燥させる。

[ココナッツファイン]
ココナッツの果肉を細かく削り、乾燥させたもの。甘みや香ばしさがあり、クッキーに入れてもさくさくした食感が加わって美味。「ココナッツファイン」（富）⇒ 入手先は88ページ

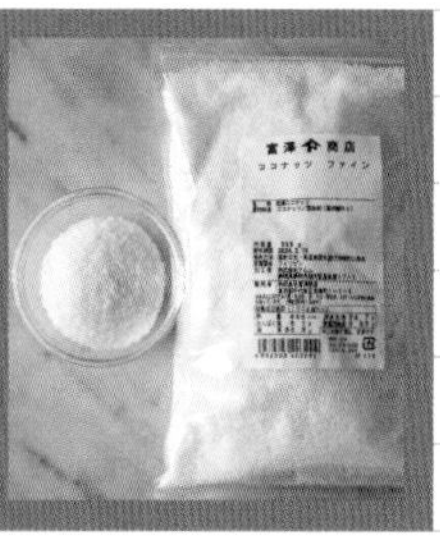

FRUIT CRUMBLE

フルーツクランブル

甘酸っぱいフルーツに、クッキー風の生地をのせて焼くデザート。クランブルは大小のかたまりを作ると、食感が楽しくなります。生地は冷凍室でしっかり冷やすことで、よりさくっとした焼き上がりに。ほかのフルーツ缶やりんごで作っても。

材料（直径20〜22cmの耐熱皿1枚分）

A
- 薄力粉 … 30g
- アーモンドパウダー … 20g
- きび砂糖 … 20g
- ベーキングパウダー … ひとつまみ

バター（食塩不使用・3cm角に切る）… 15g

バナナ … 2本（正味200g）

あんず（缶詰・汁けをきる）… 100g

B
- きび砂糖 … 大さじ1
- あんずの缶汁 … 大さじ1
- コーンスターチ … 小さじ1
- レモン汁 … 小さじ1

下準備

・バターは耐熱ボウルに入れ、ラップをふんわりかけて電子レンジで10秒加熱して溶かし、粗熱をとる。

・バナナとあんずはひと口大に切る。

作り方

1 バターのボウルに**A**をふるい入れ、ゴムベラでなじむまで混ぜ、両手でぎゅっとまとめては軽くほぐし、大小の粒があるそぼろ状にする。ラップをかけ、冷凍室で30分以上休ませる。

2 オーブンを180℃に温める。バナナとあんずは**B**をからめ、耐熱皿に入れて1を全体に散らし、180℃のオーブンで20分ほど焼く。

溶かしたバターのボウルに粉類と砂糖をふるい入れ、ゴムベラで切るようにして混ぜ、全体になじませる。

生地を両手でぎゅっとにぎってまとめては、軽くほぐして大小のかたまりがあるクランブルを作る。

グレープフルーツのクラフティ

カスタードの甘みに、グレープフルーツの酸味でさわやかな味わい。いちご、ベリー、チェリーで作ってもおいしいです。

CLAFOUTIS

材料（22×11cmの耐熱皿2枚分）

A
- 薄力粉…10g
- グラニュー糖…30g
- コーンスターチ…大さじ½

卵…1個

B
- バター（食塩不使用・3cm角に切る）…20g
- 牛乳…80g

グレープフルーツ（ルビーとホワイト）…各1個*

C
- グラニュー糖…大さじ1
- グランマニエ…大さじ1

飾り用のピスタチオ（あれば・細かく刻む）…少々

*どちらか1色を2個でもOK

下準備

- Bは耐熱容器に入れ、ラップをふんわりかけて電子レンジで40秒加熱して溶かす。
- 耐熱皿に室温に戻したバター大さじ1を塗り、グラニュー糖大さじ1（ともに分量外）をまぶし、余分な砂糖を落として冷蔵室で冷やしておく。
- オーブンを180℃に温める。

作り方

1 グレープフルーツはヘタと皮を切り落とし、ナイフで縦に皮をむき、ひと房ずつ薄皮にV字に切り込みを入れて実を取り出し、Cをからめる。

2 ボウルにAを入れて泡立て器でぐるぐるっと混ぜ、卵、Bの順に加え、そのつどよく混ぜる。

3 耐熱皿に1を並べ、2をざるでこして流し、180℃のオーブンで10分ほど焼く。ピスタチオを散らす。

SAVORIES

溶かしバターの甘くないお菓子

マフィンサレやケークサレは、溶かしバターなら少なめの量で済み、
オイルで作るレシピと比べると、風味がよく、日にちがたってもおいしいまま。
このほかブランチや軽食にぴったりな甘くないお菓子も、溶かしバターで作れば、
ぐっと手軽でコクが出て、バラエティ豊かな味わいが楽しめます。
野菜をたっぷり混ぜ込んだ、栄養満点のおすすめレシピを集めました。

CORN & CUMIN MUFFIN

コーンとクミンのマフィン

とうもろこしの甘みに、スパイシーなクミンシードがプチッと香ります。ラフに作ってもおいしいマフィンは、しっかり混ぜすぎるとかえってふくらまないので気をつけて。ゆでたブロッコリー、ベーコンやソーセージを入れても合います。

ZUCCHINI & SMOKED SALMON CAKE SALÉ

ズッキーニとスモークサーモンのケークサレ

粉チーズを混ぜ込んだ生地は、コクも十分。スモークサーモンの塩けをアクセントに、ディルのさわやかさを合わせました。野菜をたっぷり入れると軽くなり、色みもきれいに。スープを添えてブランチや、お持たせにも。

CORN & CUMIN MUFFIN

コーンとクミンのマフィン

材料（直径7cmのマフィン型6個分）

A | 薄力粉 … 110g
粉チーズ … 30g
ベーキングパウダー … 小さじ1
塩、こしょう … 各少々

クミンシード … 小さじ2*

バター（食塩不使用・3cm角に切る）… 50g

卵 … 2個

牛乳 … 大さじ4

とうもろこし（生）… ½本（正味100g）

*なければカレー粉小さじ½でも

下準備

- 卵は室温に戻す。
- バターは耐熱容器に入れ、ラップをふんわりかけて電子レンジで30秒加熱して溶かし、粗熱をとる。
- とうもろこしは断面を下にして置き、芯にそって包丁を縦に入れて実を削ぎ落とし、大さじ2を取り分ける。
- 型に紙カップを敷く。
- オーブンを190℃に温める。

作り方

1 ボウルにA、クミン小さじ1½を入れて泡立て器でぐるぐるっと混ぜ、まん中に溶かしたバター、溶いた卵、牛乳を加え、まわりの粉を少しずつくずしながら菜箸でぐるぐるっと混ぜる（混ぜすぎないように）。

2 粉っぽさが少し残るくらいでとうもろこしを加え、菜箸でぐるぐるっと混ぜる。

3 型の8分目まで入れ、取り分けたとうもろこし、残りのクミンをのせ、190℃のオーブンで18～20分焼く。

［クミンシード］
インド料理などによく使われるスパイスで、かんだ時にカリッと歯ごたえがあり、香りが立ってアクセントに。カレーや炒めものに使ってもおいしい。

ZUCCHINI & SMOKED SALMON CAKE SALÉ

ズッキーニとスモークサーモンのケークサレ

材料（18×8×6cm のパウンド型1台分）

A
- 薄力粉 … 120g
- 粉チーズ … 40g
- ベーキングパウダー … 小さじ1
- 塩 … 小さじ¼

バター（食塩不使用・3cm 角に切る）… 60g

卵 … 2個

牛乳 … 50mℓ

B
- ズッキーニ（5mm 幅の輪切り）… 1本（150g）
- ディル（生・軸を除き、粗みじん切り）… 2枝
- レモン汁 … 小さじ½
- レモンの皮（ワックス不使用のもの）の すりおろし … 少々

スモークサーモン … 40g

下準備

- 卵は室温に戻す。
- バターは耐熱容器に入れ、ラップをふんわりかけて電子レンジで30秒加熱して溶かし、粗熱をとる。
- 型より1cm 高くオーブンシートを敷く。
- オーブンを180℃に温める。

作り方

1 ボウルに A を入れて泡立て器でぐるぐるっと混ぜ、まん中に溶かしたバター、溶いた卵、牛乳を加え、まわりの粉を少しずつくずしながら菜箸でぐるぐるっと混ぜる（混ぜすぎないように）。

2 粉っぽさが少し残るくらいで B を加え、菜箸でぐるぐるっと混ぜる。

3 型に生地の⅓量を流し、スモークサーモンを広げて並べ、残りの生地を流す。180℃のオーブンで 35 分ほど焼く。中央の割れ目に竹串を刺し、何もつかなければOK。

［ディル］

サーモンなどの魚を中心に、肉や野菜にも合うさわやかな香りのハーブ。サラダに入れても美味。残ったら、ラップで包んで冷凍保存を。

GOUGÈRES

グジェール

チーズを混ぜて焼くフランス生まれのシュー皮で、アミューズ（おつまみ）にもぴったり。外はパリッと中はふんわりやわらかくて、いくらでも食べられます。焼いたものを冷凍ストックし、トースターで温め直して食べても変わらずおいしい。

材料（直径3.5cmのもの35個分）

薄力粉 … 55g

A
- バター（食塩不使用・3cm角に切る）… 40g
- 牛乳 … 40g
- 水 … 50g
- グラニュー糖 … 小さじ½
- 塩 … 小さじ¼

卵 … 約2個

チーズ（グリュイエール、コンテ、パルミジャーノ・レッジャーノなど）… 30g＊

粗びき黒こしょう … 少々

＊ピザ用チーズでもOK。好みのものを使って

下準備

- 卵は室温に戻す。
- チーズはすりおろす。
- 天板にオーブンシートを敷く。
- オーブンを200℃に温める。

作り方

1 鍋にAを入れて中火にかけ、バターが溶けてふつふつとしたら火を止め、薄力粉をふるい入れ、耐熱のヘラでなじむまで混ぜる。再び中火にかけ、生地を鍋肌に押しつけるようにして火を通し、生地がひとまとまりになって鍋底に薄くこびりつくようになったらボウルに移す。

2 熱いうちに溶いた卵を3～4回に分けて加え、そのつどヘラでなじむまで混ぜる。生地を持ち上げて逆三角形にゆっくり落ちるくらいになったら、卵を加えるのをやめ、チーズを加えて混ぜる。

3 直径1cmの丸口金をつけた絞り袋に入れ、天板に直径2cm、高さ1cmに間隔をあけて絞り出す。指先に水（残っていたら卵）をつけ、とがった先を押さえて形を整え、黒こしょうをふる。200℃のオーブンで10分、180℃に下げて10～15分焼く。

生地は耐熱のヘラで鍋肌に押しつけるようにして火を通し、こんなふうに鍋底に薄くこびりつくようになったら、ボウルに移す。

生地が熱いうちに卵を3～4回に分けて加え、生地を持ち上げて逆三角形にゆっくり落ちるくらいになったら、卵を加えるのをやめる。

天板に生地を丸く絞り出したら、指先に水をつけてとがった先の部分を押さえ、形を整える。

SPINACH & CHEESE TART

ほうれんそうと チーズのタルト

フィリングには脂肪分の少ないカッテージチーズを使い、卵なしで軽い味わいに。具材には火が通っているので、表面がカリッと焼ければでき上がりです。ゆで卵やベーコン、ソーセージを加えて作るのもおすすめ。

材料（直径18cmの底が取れるタルト型1台分）

A
- 薄力粉 … 60g
- 強力粉 … 60g
- グラニュー糖 … 小さじ1
- ベーキングパウダー … 小さじ¼
- 塩 … 小さじ¼

バター（食塩不使用・3cm角に切る）… 50g
水 … 小さじ4
粉チーズ … 大さじ1

【チーズフィリング】

ほうれんそう … 大1束（250g）
じゃがいも … 1個（120g）
カッテージチーズ … 100g
生クリーム … 100g
ピザ用チーズ … 30g
塩 … 小さじ⅓
ナツメグ … 少々
にんにく（すりおろす）… 少々

下準備

・バターは耐熱容器に入れ、ラップをふんわりかけて電子レンジで30秒加熱して溶かし、粗熱をとる。
・オーブンを180℃に温める。

作り方

1 ボウルにAを入れて菜箸でざっくり混ぜ、溶かしたバターを加え、大きなかたまりができるまで混ぜる。指でこすり合わせるようにして細かくし（p64参照）、粉っぽさがなくなったら水を加え、ざっとひとまとめにする。

2 ラップ2枚ではさみ、めん棒で直径23cmにのばし、上のラップを除いて型にひっくり返してのせて敷き込む（p65参照）。型のふちに生地をくっつけ、生地が大きくはみ出ていたらはさみで切り、底全体にフォークで穴をあける。

3 オーブンシートと重し（タルトストーンや米、乾燥豆など）をのせ、180℃のオーブンで20分、シートと重しをはずしてさらに10分焼く。

4 チーズフィリングを作る。ほうれんそうは熱湯でゆで、水けをしっかり絞って2cm幅に切る。じゃがいもは洗って水がついたままラップで包み、電子レンジで4分加熱して皮をむき、1.5cm角に切る。これらを残りの材料と合わせて混ぜる。

5 焼き上がったタルト台に4を流し、粉チーズをふり、180℃に温めたオーブンで20分ほど焼く。

若山曜子（わかやま　ようこ）

料理研究家。東京外国語大学フランス語学科卒業後、パリへ留学。ル・コルドン・ブルー、エコール・フェランディを経て、パティシエ、グラシエ、ショコラティエ、コンフィズールのフランス国家資格（CAP）を取得。パリのレストランなどで経験を積み、帰国後はカフェのメニュー監修、雑誌や書籍、テレビでのレシピ提案などで活躍。現在はオンラインレッスンをおこなっている。著書に『フライパン煮込み』『フライパン煮込み2』『フライパンパスタ』『フライパンリゾット』『作っておける前菜、ほうっておけるメイン』『バターで作る／オイルで作る クッキーと型なしタルトの本』『バターで作る／オイルで作る スコーンとビスケットの本』『バターで作る／オイルで作る マフィンとカップケーキの本』（すべて小社刊）など多数。

Instagram:@yoochanpetite

溶かしバターで作る
ワンボウルのお菓子

著　者　若山曜子
編集人　足立昭子
発行人　倉次辰男
発行所　株式会社主婦と生活社
〒104-8357　東京都中央区京橋3-5-7
Tel.03-3563-5321（編集部）
Tel.03-3563-5121（販売部）
Tel.03-3563-5125（生産部）
https://www.shufu.co.jp/
ryourinohon@mb.shufu.co.jp
印刷所　TOPPAN株式会社
製本所　株式会社若林製本工場
ISBN978-4-391-16051-2

デザイン　福間優子
撮影　福尾美雪
スタイリング　池水陽子
調理アシスタント　菅田香澄、小西邦重、尾崎史江
プリンティングディレクション　金子雅一（TOPPAN株式会社）

取材　中山み登り
校閲　滄流社
編集　足立昭子

◎（富）⇒株式会社富澤商店　＊材料提供
オンラインショップ　https://tomiz.com/
Tel.0570-001919
（月～金 9:00 ～ 12:00、13:00～17:00 ／土日祝は休）
製菓・製パン材料を中心に、幅広い食材をそろえる食材専門店。オンラインショップのほか、全国に直営店があります。

＊商品の取り扱い先は、2023年11月17日現在のものです。お店や商品の状況によって、同じものが入手できない場合もあります。あらかじめご了承ください。